VERSION ORIGINALE 1

A French course for English speakers | **Workbook**

Michael Magne

Marie-Laure Lions-Olivieri

Version Originale 1
A French course for English speakers | **Workbook**

Authors
Michael Magne, Marie-Laure Lions-Olivieri
Pedagogical supervision
Philippe Liria
Editorial director
Gema Ballesteros
Editors
Lucile Lacan, Ester Lázaro
Translator
Nathalie K. Assayag
Research
Camille Bauer, Gema Ballesteros
Recordings
Coordination : Camille Bauer, Gema Ballesteros

Design
Besada+Cukar
Layout
Oscar García Ortega, Luis Luján
Illustrations
Roger Zanni
Acknowledgements
We want to express our sincere gratitude to the teachers of the Alliance Française Paris Ile-de-France who have contributed to the proofreading and revision of this course.

© **Photos, illustrations and texts**

Couverture Lyuba Dimitrova LADA film, García Ortega, Céline/flickr, Office du tourisme du Québec, Mircea Ostoia/flickr, Andy Wright/flickr, Alex De Carvalho/flickr ; **Unité 1** p. 6 García Ortega, designall-done/Fotolia.com, Sharlene Jackson/sxc.hu, Arkady Chubykin/istockphoto.com, Kay Pa/sxc.hu ; p. 8 danielnabil.com/sxc.hu, Kriss Szkurlatowski/sxc.hu, Ivan Prole/sxc.hu (www.proledesign.com), Zentilia/Dreamstime.com, cs333/Fotolia.com, Michal Zacharzewski/sxc.hu, García Ortega ; p. 10 Salvatore Freni/flickr, García Ortega, Filtran Colin/flickr, Philipp Capper/flickr, p. 12 Organisation Internationale de la Francophonie ; **Unité 3** p. 21 Stephane A. Gustin/flickr, Thierry/flickr ; p. 22 Kriss Szkurlatowski/sxc.hu, García Ortega, llandrea/fotolia.com, Dariusz Rompa/sxc.hu, Emre Nacigil/sxc.hu, Vera Berard/sxc.hu ; p. 23 MPW57, Lunavorax/flickr, Geoff Livingston/flickr, Jerzy Kociatkiewicz/flickr, Eray/Fotolia.com, Robleh Ali/flickr ; p. 24 Miro Penev/sxc.hu (www.byalapanorama.com), Bjearwicke/sxc.hu, JamesCalvin Wright/sxc.hu, Engindeniz/sxc.hu, Gerard 79 /sxc.hu ; **Unité 4** p. 29 Mark Aplet/Fotolia.com, Coka/Fotolia.com, grekopict/Fotolia.com, García Ortega ; p. 30 Gennadiy Poznyakov/Fotolia.com, Martin Valigursky/Fotolia.com, Martina Berg/Fotolia.com ; p. 33 Barbara Ceruti, Lyuba Dimitrova LADA film, García Ortega, Pzurek/Dreamstime.com, Iofoto/Dreamstime.com ; **Unité 5** p. 37 Jonathan Werner/sxc.hu, Josep Altarriba/sxc.hu, Michal Zacharzewski/sxc.hu, Virgile Olivieri, p. 39 Eray/Fotolia.com ; **Unité 6** p. 45 Cenorman/Dreamstime.com ; p. 46 Sébastien García/Fotolia.com ; p. 48 Lyuba Dimitrova LADA film ; **Unité 7** p. 53 Thomas Faivre-Duboz/flickr, savagecat/flickr, kongroove/sxc.hu, Lyuba Dimitrova LADA film, edward w/sxc.hu, Danielle Bonardelle/Fotolia.com ; **Unité 8** p. 62 Lyuba Dimitrova LADA film ; p. 63 Hannah Chapman/sxc.hu, Mateusz Stachowski/sxc.hu, andrea016/sxc.hu ; **Culture** p. 70 Annabel Symington/flickr ; p. 71 Dominique VERNIER/Fotolia.com, Christophe Libert/sxc.hu ; p. 72 David Lat/sxc.hu ; p. 73 arkos arkoulis/sxc.

N.B : Toutes les photographies provenant de www.flickr.com, sont soumises à une licence de Creative Commons (Paternité 2.0 et 3.0)

© 2010 The authors and Difusión, Centre de Recherche et de Publications de Langues, S.L.
ISBN European Schoolbooks Publishing (UK and Ireland): 978-0-85048-231-7
ISBN (International edition): 978-84-8443-694-2
Printed in EU
Copyright registration: B-17528-2013
Reprinted: December 2015

www.emdl.fr

Sommaire

UNITÉ 1   5
1. Salut.
2. Terminal B.
3. Je m'appelle…
4. Les pronoms en famille.
5. Singulier, pluriel.
6. Les annonces.
7. Attention, message important !
8. Inscription à un cours.
9. Oups, la corbeille.
10. Qu'est-ce que c'est ?
11. Escapade.
12. Des outils pour la classe.
13. L'alphabet.
14. Le « O ».
15. Le monde de la Francophonie.

UNITÉ 2   13
1. Des plus et des moins.
2. Le compte est bon.
3. La commande.
4. Paiement par chèque.
5. Jeu radio.
6. L'examen de français.
7. Apprendre une langue.
8. Cuisines du monde.
9. *Être* ou *avoir* ?
10. *Je suis* ou *j'ai*.
11. Les nouvelles rencontres.
12. Au travail.
13. On se tutoie ?
14. Que font-ils dans la vie ?
15. Quelques célébrités.

UNITÉ 3   21
1. Promotion touristique.
2. Quartier étudiant.
3. Ville vieille et vieille ville.
4. La place des objets.
5. Où est Gustave le nain ?
6. Qui va où ?
7. Le village.
8. Les sons [e] et [ə]
9. Singulier / Pluriel.
10. Dans le quartier, il y a…
11. En ville.
12. Et dans votre langue ?
13. Poèmes en liberté.

UNITÉ 4   29
1. Recherche correspondant.
2. Le sondage.
3. Le blog.
4. La famille Lambert.
5. Que font Alex et Cathy ?
6. Enquête.
7. Vos loisirs préférés.
8. Décrivez-vous.
9. Je ne comprends pas.
10. Il aime un peu, beaucoup…
11. Il est comment ?
12. Jeu détente.
13. Recettes du monde.

UNITÉ 5   37
1. Quelle heure est-il ?
2. La France au quotidien.
3. À voir… et à ne pas voir.
4. La salle de sport.
5. Juste une fois ?
6. Rendez-vous.
7. La réservation.
8. La bonne heure.
9. Combien de temps ?
10. Les Français… et vous ?
11. Des étudiants parlent.
12. Les activités.
13. Il est…
14. Dessine-moi ta vie.

UNITÉ 6   45
1. Partir en week-end.
2. Saint-Tropez.
3. Quel temps fait-il ?
4. *Ce* ou *Le* ?
5. Goûts et couleurs.
6. La fête d'anniversaire.
7. Devinettes.
8. Masculin ou féminin.
9. Fiche de vente.
10. Mots fléchés.
11. En savoir plus sur… Karl Lagerfeld.
12. Le vocabulaire de mes achats.
13. Et dans votre langue ?
14. Partir en vacances.

UNITÉ 7   53
1. Les magasins.
2. Famille d'accueil.
3. La crêpe Suzette.
4. À la crêperie !
5. Que choisir ?
6. À table !
7. Nouvelle cuisine.
8. La liste des courses.
9. Les supermarchés.
10. Votre soirée.
11. De devinettes en devinettes.
12. Mon réseau de mots.
13. Et dans votre langue ?
14. Ma recette préférée.

UNITÉ 8   61
1. Quel service ?
2. Avis de recherche.
3. Jouons avec les adverbes.
4. Moi, je…
5. Flash infos.
6. Construction.
7. Jean-Paul Gaultier, créateur de mode.
8. Les étapes de la vie.
9. Les liaisons.
10. *Savoir* ou *pouvoir*.
11. Déjà ?
12. Les métiers.
13. Sigles et acronymes.
14. Et dans votre langue ?
15. De bon cœur.

ANNEXES   69

Parlez-vous français ? | 1

1. SALUT !

A. Here are some different situations. Tick the answer that best suits.

1

• Bonjour Monsieur Chamack, comment allez-vous ?

☑ ○ Bonjour.
Très bien, merci.
Et vous ?

☐ ○ Salut, Monsieur Chamack.
Moi, ça va.
Et vous ?

2

• Salut ! Ça va ?

☑ ○ Salut. Oui, ça va. Et toi ?

☐ ○ Bonjour Monsieur.

3

• Bonjour Xavier, comment vas-tu ?

☑ ○ Salut, bien.
Et toi ?

☐ ○ Bonjour Monsieur.
Ça va bien, merci.

4

• Bonjour Madame ! Vous désirez ?

☐ ○ Salut !
Une baguette, s'il vous plaît.

☑ ○ Bonjour.
Une baguette, s'il vous plaît.

B. When you leave after the French lesson, you can say…

Aux autres élèves •

• Tchao

• Au revoir

• À plus

Au professeur •

• À la prochaine

2. TERMINAL B

A. You arrive in France, terminal B at the airport. You want to…

1. aller aux toilettes.
2. prendre un café et un croissant.

3. retirer de l'argent.
4. aller au centre-ville en bus.

Number the corresponding signs.

 B. Listen to these dialogues and link them to the pictures.

Piste 01

3. JE M'APPELLE...

A. Circle the subject pronouns that match the verbs.

Yves is male.

1. **(Je m')** / **tu t'**appelle Gaël.

2. **Vous vous** / **nous nous** appelez Cerise et Tom.

3. **Il s'** / **(tu t')** appelles Erouan.

4. **Ils s'** / **(elles s')** appellent Loryiane et Jeanne.

5. **Je m'** / **(nous nous)** appelons Djeneba et Enrique.

6. **Je** / **(tu)** parles avec Yves.

7. **Il** / **(nous)** parlons avec le prof.

8. **Elle** / **(elles)** parlent espagnol.

9. **Nous** / **(vous)** parlez très bien français.

10. **Tu** / **(il)** parle fort.

B. Fill in these conjugation tables, then circle the forms that have the same pronunciation.

S'appeler		
je	m'	appele
tu	t'	appeles
il/elle	s'	appele
nous	nous	appelons
vous	vous	appelez
ils/elles	s'	appellent

Parler	
je	parle
tu	parles
il/elle	parle
nous	parlons
vous	parlez
ils/elles	parlent

4. LES PRONOMS EN FAMILLE

Circle the correct option.

1. Il parle japonais, et **il** / **(lui)** ?

2. **Je** / **(moi)**, c'est Chris.

3. Nous, c'est Djeneba et Enrique, et **ils** / **(eux)** ? 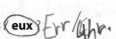 *Err /Ihr.*

4. Je m'appelle M. Brun, et **tu** / **(vous)** ?

5. Et **elles** / **(eux)**, c'est Loryiane et Jeanne ?

6. Salut, je m'appelle Sophie. Et **tu** / **(toi)** ?

5. SINGULIER, PLURIEL

A. Are these nouns masculine (♂) or feminine (♀) ? Circle the correct answer then write the correct article: **le** / **la** / **l'**. You can use a dictionary or the Internet.

♂ **(♀)** .... classe   **(♂)** ♀ .... croissant   ♂ **(♀)** .... table

(♂) ♀ .... eau   **(♂)** ♀ .... Français   ♂ **(♀)** .... Française

B. Put these nouns into the plural.

Les classe ...... *les Clases* Les page ...... *les pages* Les table ...... *les tables*

Les croissant ...... *les croissants* Les Français ....   Les Française ....

6. LES ANNONCES

 Piste 02

A. Listen to the announcements and indicate which pictures they correspond to.

 Piste 02

B. Now listen to the announcements again and fill in the missing number.

a) Je téléphone au n° ....

b) Votre train n° 6634 a .... minutes de retard.

c) Cette semaine, les résultats du loto sont : ....

d) Chez Tydar, ils font des réductions de .... sur tous les articles marqués.

7. ATTENTION, MESSAGE IMPORTANT !

 Piste 03

Listen to these announcements and fill in the corresponding numbers below.

8. INSCRIPTION À UN COURS

Piste 04-05

A. Listen to the recording and complete these two registration forms for a French course.

1

	FRANÇAIS	Enregistrer

Nom : ....
Prénom : Marco
Adresse : .... rue de Savoie, Paris
N° de téléphone : 0 6 7 1 ..... 4 9 7 3
E-mail : nobile..... @ gmail.com

2

	FRANÇAIS	Enregistrer

Nom : ....
Prénom : Lidia
Adresse : .... rue de Metz, Paris
N° de téléphone : 0 1 .... 3 3 5 1
E-mail : .... @ web.es

B. Now it's your turn: complete the registration form for your French course.

	FRANÇAIS	Enregistrer

Nom :
Prénom :
Adresse :
N° de téléphone :
E-mail :

9. OUPS, LA CORBEILLE...

A. Unfortunately a secretary has torn up two messages about enrolments and thrown them into the wastepaper basket. Put the pieces back together to restore the original messages.

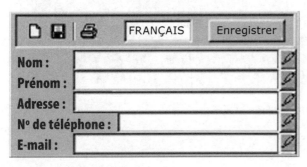

☐ à 15 heures. Elle

☐ veut s'inscrire mais ne sait

☐ des renseignements sur

☐ Valeria Coppola a appelé

☐ le cours. Elle rappelle

☐ Georg Reuter veut

☐ à 18 heures.

☐ pas combien coûte

☐ l'atelier théâtre. Il faut

☐ le rappeler au numéro 06 20 30 31 30.

B. Fill in a page of the notepad for each message.

EN VOTRE ABSENCE

M ....
a téléphoné ☐   rappellera ☐
est venu ☐   reviendra ☐
vous prie de le rappeler ☐
Message...

EN VOTRE ABSENCE

M ....
a téléphoné ☐   rappellera ☐
est venu ☐   reviendra ☐
vous prie de le rappeler ☐
Message...

10. QU'EST-CE QUE C'EST ?

A. Link the nouns to the objects concerned.

1 corbeille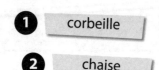

2 chaise

3 stylo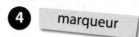

4 marqueur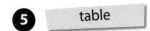

5 table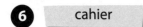

6 cahier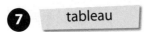

7 tableau

B. Look at the illustration and complete these sentences.

1. .... professeur a .... marqueur dans .... main.

2. .... élèves regardent .... tableau.

3. Il y a .... corbeille à côté du tableau.

11. ESCAPADE

Link the sentences below to the photos, using the **Student's Book** (page 16), the Internet and anything else you may know, to help you.

1. Bordeaux est célèbre pour…

2. Sète est célèbre pour…

3. Carcassonne est célèbre pour…

4. Toulouse est célèbre pour…

☐ … son port.

☐ … sa cité médiévale.

☐ … ses vins.

☐ … son industrie aéronautique.

12. DES OUTILS POUR LA CLASSE
Find the question to use when:

When you want to know someone's name.

When you want to know how to write a word.

When you want to know how to say a word.

When you want someone to repeat something.

When you want someone to explain something.

Comment ça s'écrit ?

Comment dit-on… ?

Vous pouvez répéter, s'il vous plaît ?

Vous pouvez réexpliquer, s'il vous plaît ?

Comment tu t'appelles ?

13. L'ALPHABET
Compare the French alphabet (**Student's Book,** page 17) with the alphabet in your language.

1. The French alphabet has twenty-six letters. What about yours? ....

2. The French alphabet has six vowels. And yours? ....

3. The French alphabet has twenty consonants. And yours? ....

14. LE « O »

Piste 06

A. Listen to these words from Unit 1 of the **Student's Book** and circle those that contain the sound /**o**/.

douze   TROIS   CHAUD

croissant

euro   **toi**   **eau**

MÉTRO

louise   VIDEO   **numéro**

B. In Unit 1 of the **Student's Book** find two other words that are pronounced with the sound /**o**/, but are written without the letter '**o**'.

Tableau

....

15. LE MONDE DE LA FRANCOPHONIE

Following the format on page 21 of the **Student's Book**, use the Internet to fill in these forms for four other French-speaking countries or regions. Choose one country or region from each continent (America, Africa, Asia and Europe).

Capitale : ....

Population : ....

Langues parlées : ....

Monnaie : ....

Plus grandes villes : ....

Fête nationale : ....

Spécialité : ....

Domaine Internet : ....

Capitale : ....

Population : ....

Langues parlées : ....

Monnaie : ....

Plus grandes villes : ....

Fête nationale : ....

Spécialité : ....

Domaine Internet : ....

Capitale : ....

Population : ....

Langues parlées : ....

Monnaie : ....

Plus grandes villes : ....

Fête nationale : ....

Spécialité : ....

Domaine Internet : ....

Capitale : ....

Population : ....

Langues parlées : ....

Monnaie : ....

Plus grandes villes : ....

Fête nationale : ....

Spécialité : ....

Domaine Internet : ....

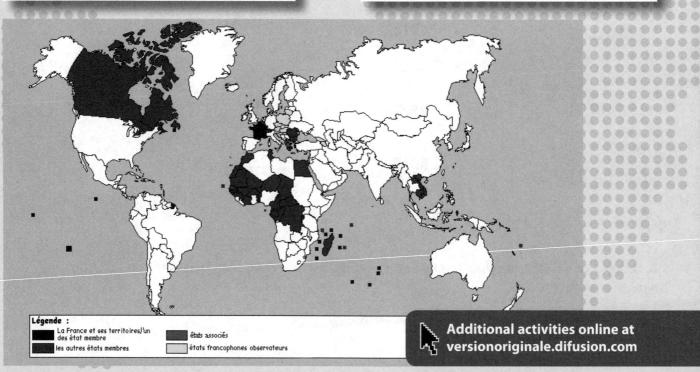

Légende :
La France et ses territoires/un des état membre
les autres états membres
états associés
états francophones observateurs

Additional activities online at versionoriginale.difusion.com

1. DES PLUS ET DES MOINS

Piste 07

Write down the result of the operations that you hear.

1	....	4	....	7	....
2	....	5	....	8	....
3	....	6	....	9	....

2. LE COMPTE EST BON

Piste 08

Listen to the audio recording and try to find the total with the numbers provided and the operators +, -, ÷ , x. Write down the operation and present it to the class.

1 Nombre à trouver : 92

Chiffres : 5, 2, 4, 10

$$5 + 4 = 9$$
$$9 \times 10 = 90$$
$$90 + 2 = 92$$

2 Nombre à trouver :

Chiffres :

3 Nombre à trouver :

Chiffres :

3. LA COMMANDE

Piste 09

Listen to these conversations and tick the correct answer.

1. La cliente demande
- ☐ 34 livres.
- ☐ 45 livres.
- ☐ 47 livres.

2. Le restaurant Musset a besoin de
- ☐ 15 pains.
- ☐ 30 pains.
- ☐ 40 pains.

4. PAIEMENT PAR CHÈQUE

Complete the cheques, writing the amounts in words.

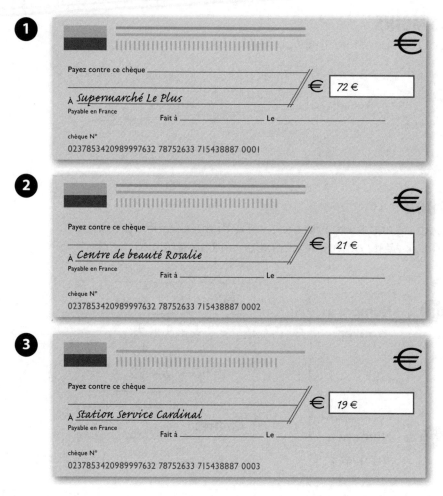

1

Payez contre ce chèque _____

_____ € [72 €]

À *Supermarché Le Plus*

Payable en France   Fait à _____ Le _____

chèque N°
0237853420989997632 78752633 715438887 0001

2

Payez contre ce chèque _____

_____ € [21 €]

À *Centre de beauté Rosalie*

Payable en France   Fait à _____ Le _____

chèque N°
0237853420989997632 78752633 715438887 0002

3

Payez contre ce chèque _____

_____ € [19 €]

À *Station Service Cardinal*

Payable en France   Fait à _____ Le _____

chèque N°
0237853420989997632 78752633 715438887 0003

5. JEU RADIO

Piste 10

Listen to this radio broadcast and complete the forms using the information below.

Prénoms masculins	Prénoms féminins	Profession	Âge
Gérard	Valérie	restaurateur	28
Yves	Stéphanie	retraité	35
Jean	Christiane	professeur	65
Serge	Sylvie	informaticien	57
Luc	Sylviane	manager	19
		étudiante	17
		guide touristique	

Prénom .... Âge ....
Profession ....

Prénom .... Âge ....
Profession ....

Prénom .... Âge ....
Profession ....

6. L'EXAMEN DE FRANÇAIS

Fill in the following form to enrol for your French exam.

Formulaire d'inscription à l'examen de français

☐ M.   ☐ Mme   ☐ Mlle

Nom : ....

Prénom : ....

Adresse : ....

Code postal : .... Ville : .... Pays : ....

N° tél. : .... Courriel : ....

Date de naissance : .... Ville de naissance : ....

Pays de naissance : .... Nationalité : ....

Cochez ci-dessous le niveau choisi :

☐ A1   ☐ A2   ☐ B1   ☐ B2   ☐ C1   ☐ C2

Le ....à ....

Signature

7. APPRENDRE UNE LANGUE

Replace the country with the corresponding adjective or noun, then find the last answer using your knowledge or the Internet to help you.

La langue (Angleterre) .... est la première langue enseignée à l'école. Parler seulement (Angleterre) .... est bien mais parler deux langues, c'est mieux. Alors quelle langue ? En Europe, c'est la langue (Allemagne) .... la plus parlée. Mais les écoliers préfèrent les sonorités (France) ...., (Espagne) .... ou (Italie) .... Il est vrai que les langues (Espagne) .... et (France) .... sont présentes dans le monde entier. Donc apprendre le (France) .... et l'(Espagne) .... en même temps est idéal. Mais ne doit-on pas aussi apprendre la langue la plus parlée dans le monde, le .... ?

8. CUISINES DU MONDE

A. It is well known that pizza is Italian! What about these other specialities?
Indicate the nationality of each speciality.

1. La pizza est _italienne_ ....

2. Le gaspacho est ....

3. Les crêpes sont ....

4. La moussaka est ....

5. La forêt noire est ....

6. La gaufre est ....

7. Le kebab est ....

8. La ratatouille est ....

B. Now think of some other dishes and indicate their nationalities in the same way.

....

....

9. ÊTRE OU AVOIR ?

🔊 **Piste 11** Listen to the recording and tick the right box when you hear the verb **être** or **avoir**.

	être	avoir
Dialogue 1	☐	☐
Dialogue 2	☐	☐
Dialogue 3	☐	☐
Dialogue 4	☐	☐
Dialogue 5	☐	☐
Dialogue 6	☐	☐

AIDE-MÉMOIRE

In French, we give our age with the verb

" .... "

Example : ....

And in your language?

....

Example : ....

10. JE SUIS OU J'AI ?

A. Complete each of these sentences with the correct form of **être** or **avoir**.

1. Je .... étudiante à l'université de droit.

2. Tu .... quel âge ?

3. Quel .... ton numéro de téléphone ?

4. Anja et Hans .... allemands.

5. Tu .... de quelle nationalité ?

6. Nous .... un nouveau professeur.

B. Translate the following sentence into English.

J'ai 22 ans. ....

11. LES NOUVELLES RENCONTRES

In a chat room, you meet someone for the first time.
What questions do you ask to obtain these answers?

```
○○○                    Rencontre

[16: 23: 09] .....................................................................
[16: 23: 11] Dominique
[16: 24: 30] .....................................................................
[16: 24: 46] 25
[16: 24: 51] .....................................................................
[16: 25: 13] belge
[16: 25: 24] .....................................................................
[16: 25: 42] dans le commerce
[16: 26: 03] .....................................................................
[16: 26: 18] Lima
[16: 26: 27] .....................................................................
[16: 26: 45] dom@versionoriginale.com
```

12. AU TRAVAIL

A. The hotel manager and the receptionist are checking their reservation lists.
Link the guests to their occupations.

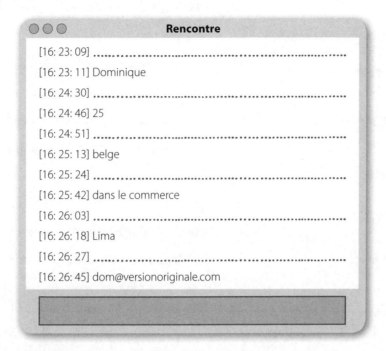

Liste de la réceptionniste	Liste du directeur
Vincent Blanc, dans l'informatique ●	● Banquier
Philippe Durand, dans les affaires ●	● Architecte
Loïc Garnier, à l'université ●	● Cameraman
Régis Magne, dans l'enseignement ●	● Informaticien
Laurent Royer, dans la construction ●	● Styliste
Léo Saugnier, dans l'audiovisuel ●	● Professeur
Cathy Solers, dans la mode ●	● Étudiant

B. Complete the following sentences.

Vincent Blanc *est informaticien* ....

Philippe Durand ....

Loïc Garnier ....

Régis Magne ....

Laurent Royer ....

Léo Saugnier ....

Cathy Solers ....

13. ON SE TUTOIE ?

A. Decide whether you should you use **tu** or **vous** to address each of these people. Then link a sentence from the second column with the appropriate person.

1. A shop assistant. ....

2. A student who attends the French course with you.

....

3. A friend. ....

4. An elderly lady on the underground. ....

5. A cousin. ....

6. A civil servant of your age. ....

7. A child. ....

8. A waitress in a restaurant. ....

9. A person of your age who asks you

for directions in the street. ....

a. Excusez-moi, monsieur, pourriez-vous m'indiquer la poste, s'il vous plaît ?

b. Tu comprends bien quand le prof parle en français ?

c. Pardon monsieur, est-ce que vous avez la taille 42 ?

d. Vous voulez que je vous aide, madame ?

e. Un café et une limonade, s'il vous plaît.

f. Arrête de crier, tu vas réveiller ta petite sœur !

g. Tu veux venir avec moi, ce week-end ?

h. Grand-père va mieux, n'est-ce pas ?

i. Vous avez un formulaire pour la demande d'aide sociale ?

1	2	3	4	5	6	7	8	9

B. Think about all the sorts of people you talk to (family, friends, neighbours, tradespeople, professionals, etc.). Then make two lists, the first with those you should use **vous** to address, the second with those with whom you should use **tu**.

Je vouvoie...

Je tutoie...

14. QUE FONT-ILS DANS LA VIE ?

A. Find 14 occupations in the puzzle below. You can use the dictionary and the Internet to help you.

P	R	O	F	E	S	S	E	U	R
O	U	V	R	I	E	R	T	E	U
M	A	N	A	G	E	R	U	C	E
P	O	I	N	T	S	Z	D	O	I
I	P	I	L	O	T	E	I	N	N
E	M	P	L	O	Y	E	A	O	E
R	E	I	T	I	L	O	N	M	G
M	E	D	E	C	I	N	T	I	N
C	H	I	M	I	S	T	E	S	I
A	R	C	H	I	T	E	C	T	E
R	P	E	C	H	E	U	R	E	X

B. List the 14 occupations in alphabetical order and suggest a translation for each of them.

Professions

Traductions

C. You are going to hear 3 audio recordings. Find the occupations of these people from the descriptions, using the list to help you.

Piste 12

1 ....

2 ....

3 ....

4 ....

15. QUELQUES CÉLÉBRITÉS

A. Using a search engine, fill in the following information about these French-speaking celebrities.

Marion Cotillard

Nationalité ....

Date de naissance ....

Lieu de naissance ....

Profession ....

Renaud Capuçon

Nationalité ....

Date de naissance ....

Lieu de naissance ....

Profession ....

Youssou N'Dour

Nationalité ....

Date de naissance ....

Lieu de naissance ....

Profession ....

Franck Ribéry

Nationalité ....

Date de naissance ....

Lieu de naissance ....

Profession ....

Amélie Nothomb

Nationalité ....

Date de naissance ....

Lieu de naissance ....

Profession ....

Benoît Poelvoorde

Nationalité ....

Date de naissance ....

Lieu de naissance ....

Profession ....

Yolande Moreau

Nationalité ....

Date de naissance ....

Lieu de naissance ....

Profession ....

B. Now fill in the same information about two celebrities from your own country or whom you particularly like.

....

Nationalité ....

Date de naissance ....

Lieu de naissance ....

Profession ....

....

Nationalité ....

Date de naissance ....

Lieu de naissance ....

Profession ....

Additional activities online at
versionoriginale.difusion.com

Mon quartier est un monde | 3

1. PROMOTION TOURISTIQUE

Complete the adverts with the correct articles.

PARIS PLAGE OUVRE…

Paris Plage reprend ses quartiers sur ……… quais de ……… Seine. Cette année, il y a ……… concerts, ……… cours de natation, ……… espace fitness, ……… grande piscine. ……… chance pour ……… Parisiens et ……… touristes : maintenant il y a aussi ……… soleil et ……… mer à Paris !

Venez visiter le quartier de la Huchette !

Promenez-vous dans ……… rues piétonnes de la Huchette. ……… quartier commence en bas du boulevard Saint-Germain et longe ……… Seine. C'est ……… quartier très agréable. On y trouve ……… cafés et ……… restaurants très différents. C'est ……… quartier très fréquenté par ……… touristes et ……… meilleure période reste ……… été.

2. QUARTIER ÉTUDIANT

Here is an extract from a conversation between two students. Complete it with the help of the list of adjectives.

● Elle est grande, ta chambre ?

○ Non, c'est une ………………………… chambre mais elle est très ensoleillée.

● Et tu aimes bien le quartier ?

○ Oui, c'est un quartier …………………………, avec beaucoup de restaurants. Et dans ma rue,

il y a plein de bars. C'est vraiment une rue ………………………….

● Et tu as des commerces de proximité ?

○ Oui, il y a une ………………………… épicerie. Elle vend de tout et elle ferme très tard.

C'est pratique. En plus de cette épicerie, il y a aussi une boulangerie, une boucherie…

Tu vois, il y a de tout !

● Et tu n'es pas loin du Parc central, c'est un parc …………………………. C'est bien, non ?

○ Il n'est pas très grand mais c'est parfait pour se promener et faire un peu de sport.

● Et comment tu fais pour te déplacer ? Tu prends le bus ou tu vas à la fac à vélo ?

○ J'ai un ………………………… vélo mais il roule bien, c'est l'essentiel !

Et puis c'est pratique : il y a une piste cyclable entre mon quartier et l'université. Et s'il pleut,

je prends le bus. Il y a beaucoup de lignes qui vont à l'université.

C'est vraiment un quartier ………………………….

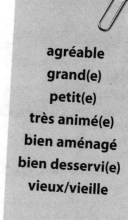

agréable
grand(e)
petit(e)
très animé(e)
bien aménagé
bien desservi(e)
vieux/vieille

3. VILLE VIEILLE ET VIEILLE VILLE

A friend asks you to correct an email that he wants to send to a flat exchange website.
He is having a lot of difficulty placing the adjectives. Help him to put them in the right place.

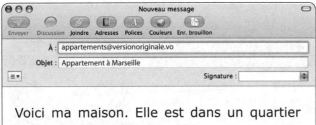

Nouveau message

À : appartements@versionoriginale.vo

Objet : Appartement à Marseille

Signature :

Voici ma maison. Elle est dans un quartier beau de Marseille. Marseille est une ville grande. C'est aussi une ancienne ville avec une histoire grande. J'habite dans le Marseille vieux, dans un quartier petit. Le quartier est multiculturel et très beau. Le soir, la rue est animée et le quartier est agréable.

Nouveau message

À : appartements@versionoriginale.vo

Objet : Appartement à Marseille

Signature :

4. LA PLACE DES OBJETS

Here are some things that you are sure to have at home. Write down where they are found in your house. Use a dictionary to help you.

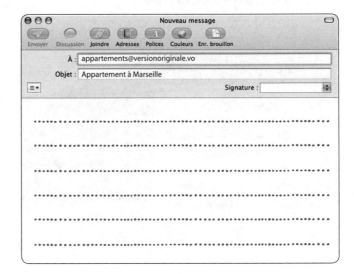

Le micro-ondes est dans la cuisine. Il est...

5. OÙ EST GUSTAVE LE NAIN ?

A. Gustave has gone on holiday again, this time to Bordeaux. Help him to write the captions in his photo album.

1 Moi .... les caves de vin.

2 Moi .... la Garonne.

3 Moi .... l'hôtel de ville.

4 Moi .... le porche de la Porte Cailhau.

B. You receive a text from Gustave the dwarf. Tick the photo of the place where he is writing it from.

COUCOU DEPUIS BORDEAUX. C'EST MOI DEVANT L'ENTRÉE DE LA CATHÉDRALE. À BIENTÔT, GUSTAVE.

6. QUI VA OÙ ?

A. The **Vacances à la mer** website advertises flats and houses to rent.
Find the one that match each person's requirements.

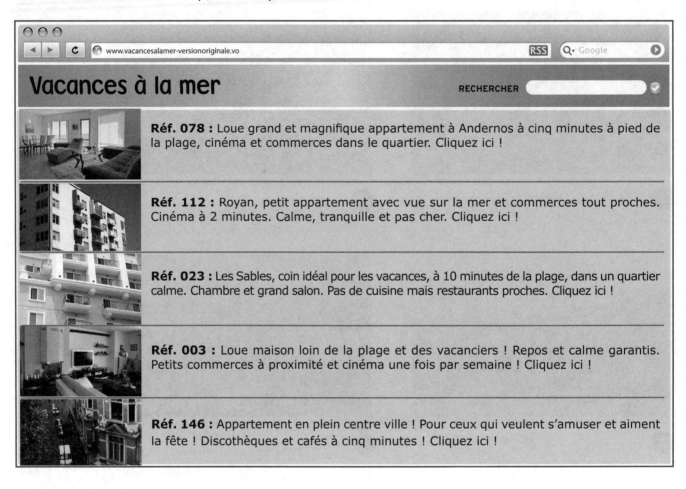

1. Jonathan et Lydie veulent aller à la plage et se reposer.
Ils cherchent le silence et des restaurants pour bien manger.

Réf. ....

2. La famille Brun cherche un grand appartement proche de la plage
avec un cinéma pour sortir le soir.

Réf. ....

3. Cynthia aime la fête ! Elle veut sortir tous les soirs
pendant les vacances.

Réf. ....

4. Floriane et Maximilien n'aiment pas la mer. Ils cherchent un coin tranquille
avec leur bébé loin du bruit et du monde.

Réf. ....

B. Which advert do you like? Explain your choice.

....

....

7. LE VILLAGE

Piste 13

You are listening to the radio. Someone is describing the village where he lives.
Tick the columns that match to what he says.

	Il y a quelques	Il y a beaucoup de / d'	Il n'y a pas de / d'
touriste(s)			
commerce(s)			
supermarché(s)			
restaurant(s)			
cinéma(s)			
voiture(s)			
hôtel(s)			

8. LES SONS /e/ ET /ə/

Piste 14

Here is a series of words with the sound /e/ (**j'ai**)
or the sound /ə/ (**je**). Tick the correct answer.
Listen to the recording again and check
your answers.

	/e/	/ə/
cinéma		
musée		
le		
supermarché		
quartier		
les		
école		
appartement		
église		
boulangerie		
piétonne		

9. SINGULIER / PLURIEL

Piste 15

Listen to the words and say whether they are
singular or plural.

	singulier	pluriel
1		
2		
3		
4		
5		
6		
7		
8		
9		
10		
11		
12		

10. DANS LE QUARTIER, IL Y A...

A. Link each of these nouns to a product or service offered.

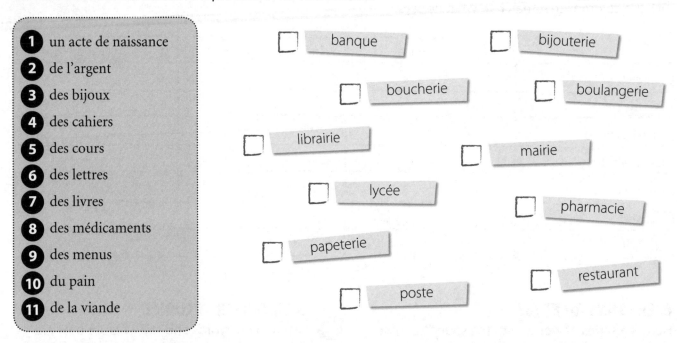

1. un acte de naissance
2. de l'argent
3. des bijoux
4. des cahiers
5. des cours
6. des lettres
7. des livres
8. des médicaments
9. des menus
10. du pain
11. de la viande

banque

bijouterie

boucherie

boulangerie

librairie

mairie

lycée

pharmacie

papeterie

restaurant

poste

Piste 16

B. Listen to Patricia describing the centre of the town where she lives and add the names of places and businesses that are missing.

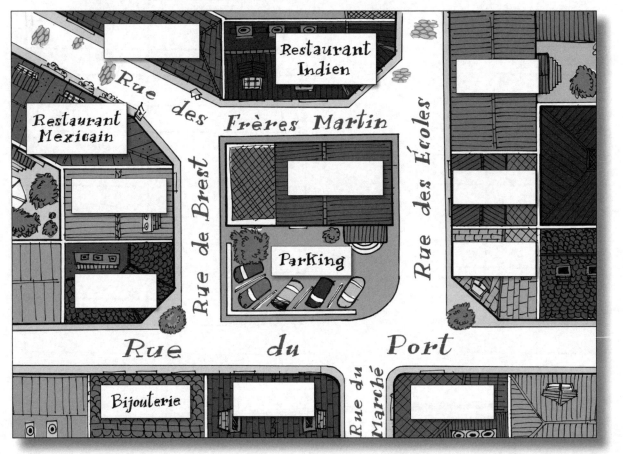

11. EN VILLE

List all the French words you know for the kinds of places where you would go for the different activities.

> Pour faire mes achats, je vais au...

> Pour rencontrer des amis, je vais au...

> Pour me distraire, je vais...

12. ET DANS VOTRE LANGUE ?

A. How do you say?

Dans le centre-ville, il y a une rue piétonne, un parc, des boutiques, mais il n'y a pas de cinéma.

....

....

La pharmacie est à côté de la librairie, près de l'arrêt de bus.

....

B. In French, to describe a district or a town, we say **c'est un quartier agréable, animé, etc**.
How do you say the same thing in English?

....

C. In French, the adjective usually comes after the noun: **c'est une ville polluée**. However, some adjectives are placed before the noun: **c'est une belle ville**. Where is the adjective placed in your language?

....

13. POÈMES EN LIBERTÉ

A. Read the poem by Guillaume Apollinaire entitled *Le Chat*, which you will find on the Babelweb website:

http://m6.babel-web.eu

B. Use the same structure and write a poem about your ideal district, which you will publish on Babelweb. In order to do this activity you can use the following things to help you:

• Make a list of what you would like in the district:

  - un boulanger,
  - des arbres…

• You could add some adjectives:

  - un bon boulanger
  - des arbres bien verts…

• Try to make it rhyme if possible:

  Mon quartier
  Je souhaite dans mon quartier :
  Une bonne boulangère,
  Une fontaine, un cinéma,
  Des arbres bien verts,
  Et des voisins sympas.

C. To publish your poem on Babelweb, go to the website:

http://m6.babel-web.eu

You can also record it and publish it in mp3.

 Additional activities online at versionoriginale.difusion.com

1. RECHERCHE CORRESPONDANT

Piste 17

A. Fill in these two forms from the audio clips left on the site.

TROUVEZ UN CORRESPONDANT !

DÉJÀ INSCRIT(E) ?

Sujet : Je cherche un correspondant
Auteur : **Mark**
Date : **23/09**

Salut ! Je m'appelle Mark. Je suis martiniquais et j'habite à Fort-de-France. J'ai 26 ans, je suis professeur de musique et j'adore apprendre des langues. J'étudie l'anglais, l'espagnol et je parle quelques mots d'italien. J'aime aussi la cuisine, sortir avec mes amis mais ma grande passion est la musique. À bientôt !

Sujet : Je cherche un correspondant
Auteur : **Christophe**
Date : **25/09**

Salut à tous ! Je suis de Nîmes. J'ai 28 ans et je m'appelle Christophe. Je parle anglais et italien et j'apprends le chinois. J'aime le ciné et le théâtre, j'adore lire et je pratique des sports d'hiver (j'adore passer des week-ends à la montagne !). J'aime aussi sortir le soir avec mes copains. Écrivez-moi !

Sujet : Je cherche un correspondant
Auteur : **Philippe**
Date : **25/09**

Bonjour de Bordeaux ! Je m'appelle Philippe, je travaille dans l'informatique et j'ai 24 ans. Je parle anglais, espagnol et j'apprends l'italien. J'aime la natation, le vélo, le ski et le tennis... bref, je suis très sportif. J'adore voyager et je fais aussi de la photographie et de la vidéo.

1

Prénom   *Barbara*   Âge ....

Ville ....

Profession ....

Elle aime ....

2

Prénom   *Richard*   Âge ....

Ville ....

Profession ....

Il aime ....

B. These people can correspond with...

Barbara
- ☐ Mark
- ☐ Christophe
- ☐ Philippe

Richard
- ☐ Mark
- ☐ Christophe
- ☐ Philippe

C. Now send a written reply to Mark, Christophe or Philippe.

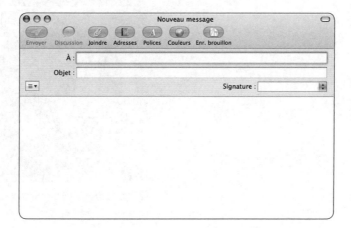

Nouveau message

Envoyer | Discussion | Joindre | Adresses | Polices | Couleurs | Enr. brouillon

À :
Objet :
Signature :

2. LE SONDAGE

A. Look again at **Les possessifs** (**Student's Book**, page 54) and complete the following dialogue:

● Bonjour Mademoiselle ! Je fais un petit sondage sur

les goûts des jeunes. Je peux vous demander quel est

.... loisir préféré ?

○ Bonjour, ... loisir préféré… ben, j'adore

aller au cinéma.

● D'accord. Et .... acteur préféré ?

○ Pfff, y en a beaucoup… Johnny Depp.

● Je vois… Et côté musique, ...

chanteuse préférée ?

○ .... chanteuse préférée ?

C'est Diams !

● Ah oui ? J'aime beaucoup aussi ! Vous connaissez .

.... dernier album ?

B. Now listen to the dialogue and check your answers.

Piste 18

3. LE BLOG

Patricia wants to update her blog. Help her to complete the photo captions.

Paul et .... guitare avec tous les copains !

Théo, ... petit chien ;-)

Jamais sans .... bécane ! (............... vélo, quoi !)

Ma copine Sandrine et .... nouveau petit ami !

4. LA FAMILLE LAMBERT

A. Here is the Lambert family tree and some vocabulary to complete the sentences below.

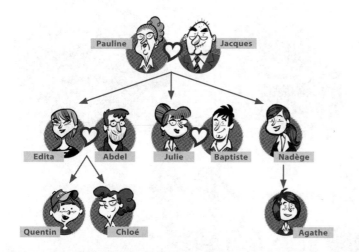

père	oncle
mère	cousin
sœur	cousine
frère	petit-fils
fille	petit-fille
fils	grand-père
tante	grand-mère

Jacques est .... de Quentin.　　Abdel est .... d'Agathe.

Edita est .... de Julie.　　Jacques et Pauline sont .... de Chloé.

B. One person is missing from this tree: Vincent. Using the information below, tell us whose son he is.

Vincent a une sœur, deux tantes, deux oncles et un cousin : il est le fils de ....

C. Chloé is talking about her family holiday. Complete the following text.

« Pendant les vacances, je suis allée chez … grands-parents. … grand-père a fêté son anniversaire. Il a eu 85 ans. Toute … famille

est venue. Je suis toujours contente de voir … oncles, … tantes et … cousins. Surtout … cousine Agathe parce qu'on ne se voit

pas beaucoup. Elle habite loin, c'est normal. Elle est gentille et a toujours des bonnes idées pour jouer. Et puis il y a … oncle

Baptiste. Il est très drôle. … tante Nadège est très gentille aussi, mais elle veut toujours savoir comment ça va à l'école. Donc, on a

fêté l'anniversaire de … grand-père. Et pour ça, … grand-mère a fait un grand repas délicieux. »

D. Now introduce three members of your own family in Chloé's style.

....

....

....

5. QUE FONT ALEX ET CATHY ?

Look at these illustrations and complete the sentences below.

Alex et Cathy ....

Alex et Cathy ....

Alex ....

Cathy ....

Cathy ....

6. ENQUÊTE

Piste 19

A radio station has interviewed six people on the street about their likes and dislikes.
Listen to their answers and tick the correct boxes.

a . ☐ Elle adore
    ☐ Elle aime bien   le jazz.
    ☐ Elle déteste

d. ☐ Elle aime beaucoup
    ☐ Elle aime bien   la danse.
    ☐ Elle déteste

b. ☐ Elle aime
    ☐ Elle aime un peu   le sport.
    ☐ Elle n'aime pas du tout

e. ☐ Elle aime bien
    ☐ Elle n'aime pas beaucoup   la télé.
    ☐ Elle déteste

c. ☐ Il aime beaucoup
    ☐ Il aime un peu   le bricolage.
    ☐ Il n'aime pas du tout

f. ☐ Il adore
    ☐ Il aime   son travail.
    ☐ Il n'aime pas

7. VOS LOISIRS PRÉFÉRÉS

🔊
Piste 20

A. You are going to hear five people talking about their preferences. Find who says what and tick the corresponding box.

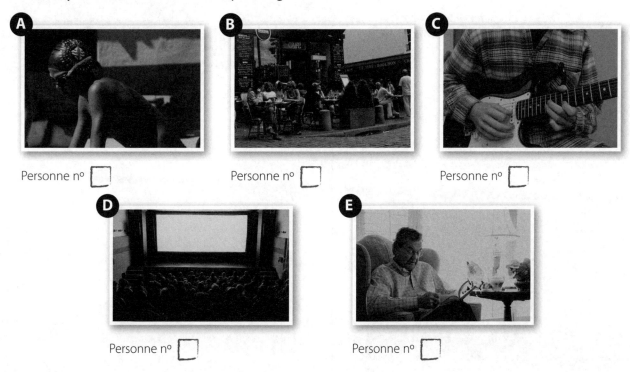

A

Personne n° ☐

B

Personne n° ☐

C

Personne n° ☐

D

Personne n° ☐

E

Personne n° ☐

B. Categorise what you like and dislike in the following table.

la télévision   la politique   le football   le cinéma

voyager   la mer   sortir avec des ami(e)s   naviguer sur Internet   les « fast-food »

le jazz   le théâtre   le français   le tennis

Je déteste	
Je n'aime pas	
J'aime bien	
J'aime beaucoup	
J'adore	

8. DÉCRIVEZ-VOUS

Piste 21

A. To introduce yourself, listen to the teacher and answer the questions.

B. From your notes, create your advert on the **Amis sur le net** website.

Amis sur le net

Sujet :
Auteur :
Date :
Texte :

Inscription | Conseils | Conditions générales | Affiliation | Publicité / Annonceurs | Presse | Copyright

9. JE NE COMPRENDS PAS

Piste 22-27

It is not always easy to understand everything when it's noisy, but you can get clues.
Listen to these six real-life extracts. Tick the box when you hear a negative.

Dialogue 1 ☐   Dialogue 4 ☐

Dialogue 2 ☐   Dialogue 5 ☐

Dialogue 3 ☐   Dialogue 6 ☐

AIDE-MÉMOIRE

In French, in general, we form the negative

with ....

but we don't always pronounce the

....

10. IL AIME UN PEU, BEAUCOUP…

A. Translate the following sentences into English.

Il aime beaucoup la musique classique. ....

Il aime le chocolat. ....

Il aime Melissa. ....

Il aime sortir avec ses amis. ....

B. How many verbs can you use in English to say that you love someone or something? What are they?

....

11. IL EST COMMENT ?

Match each definition with the corresponding adjective. Then find the last adjective from the initial letters of the other adjectives, with the help of the definition.

GENTIL   **DRÔLE**   **NEUF**   **ANTIPATHIQUE**   **RÂLEUR**

C'est une personne très aimable.

C'est une personne jamais contente.

Il n'est pas sympa.

C'est un objet qui n'a pas encore servi.

C'est une personne très amusante.

Il n'est pas petit : ....

12. JEU DÉTENTE

In these alphabets, there are letters missing. Use them to form two words that designate hobbies.

1

B C F G H I J K L M O
P Q R T U V W X Y Z

....

2

D F H J K M N P
Q S T U V W X Y Z

....

4 | Connectez-vous !

13. RECETTES DU MONDE

A. Here are the names of dishes from the four corners of the world. Using a search engine, find their origins and their main ingredients. You can complete each recipe with an illustration.

Colombo de poulet

Origine : ....

Ingrédients : ....

....

....

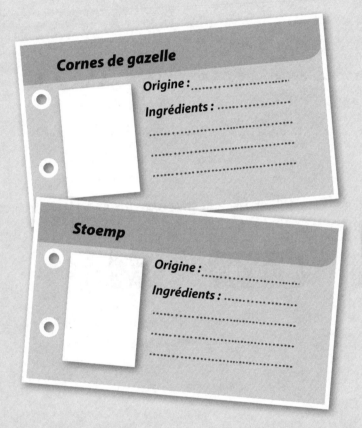

Cornes de gazelle

Origine : ....

Ingrédients : ....

....

....

Poutine

Origine : ....

Ingrédients : ....

....

....

Stoemp

Origine : ....

Ingrédients : ....

....

....

Rösti

Origine : ....

Ingrédients : ....

....

....

B. Now give the name and ingredients of a speciality from your region.

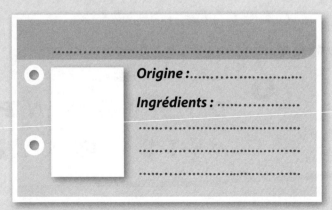

....

Origine : ....

Ingrédients : ....

....

....

Additional activities online at versionoriginale.difusion.com

36 | trente-six

1. QUELLE HEURE EST-IL ?

Write the times in words.

Il est ....

Il est ....

Il est ....

2. LA FRANCE AU QUOTIDIEN

A. These words and phrases have been taken out of the short article below, which comes from a review of the French-speaking world. Put them back in their correct places.

12h00 et 13h30	16h00	19h00 et 20h00	plat du jour	soirée	nuit	week-end
après-midi	goûter	déjeuner	dîner	petit - déjeuner	soir	matin	midi

La France au quotidien

Avant votre arrivée en France, découvrez quelques habitudes des Français.

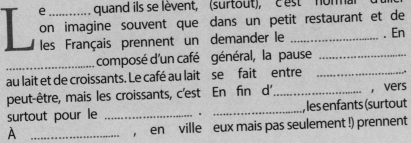

Le .... quand ils se lèvent, on imagine souvent que les Français prennent un .... composé d'un café au lait et de croissants. Le café au lait peut-être, mais les croissants, c'est surtout pour le .... À .... , en ville (surtout), c'est normal d'aller dans un petit restaurant et de demander le .... En général, la pause .... se fait entre .... En fin d'........................... , vers .... , les enfants (surtout eux mais pas seulement !) prennent leur .... avant de faire leurs devoirs. Le .... , entre .... , c'est l'heure de .... Le reste de la .... , les Français regardent la télé ou naviguent sur Internet parfois jusqu'à très tard dans la ....

B. Write a short article, using the model of **La France au quotidien**, to introduce a stranger to the everyday customs of your country.

3. À VOIR… ET À NE PAS VOIR

Piste 28

Listen to a radio announcement of programmes to be shown on television today, then match each programme to its advertised time.

Émissions

Journal télévisé
Match de tennis
Match de rugby
Au soleil d'été
Variétés Albert Lamaison
Émission spéciale
Film

Heure

20h45
14h30
13h
16h30
14h
00h00
16h

4. LA SALLE DE SPORT

Here is the activities programme and timetable for a sports hall. Complete the sentences using the information contained in the programme.

	Lundi	Mardi	Mercredi	Jeudi	Vendredi	Samedi
10h00 – 11h30			Judo pour juniors		Squash	
11h45 – 13h15			Karaté pour juniors			
14h00 – 15h30						Judo pour juniors
15h45 – 17h00						Karaté pour juniors
17h15 – 18h30	Judo pour adultes	Yoga	Judo pour adultes	Yoga		Karaté pour juniors
18h45 – 20h15	Karaté pour adultes	Danse	Gymnastique	Danse	Karaté pour adultes	

1. Le judo pour adultes a lieu _le lundi soir et le mercredi soir._

2. Il y a des cours de karaté pour adultes le ....

3. On peut faire de la danse le ....

4. Les cours de judo pour juniors ont lieu le ....

5. Il y a yoga le ....

6. Pour faire de la gymnastique, il faut venir le ....

7. Le squash a lieu le ....

5. JUSTE UNE FOIS ?

Piste 29

A. Listen to these people and tick the correct box to indicate whether they are talking about a specific time or a regular habit.

	Moment unique	Habitude
1		
2		
3		
4		
5		
6		
7		
8		

B. Now indicate two specific moments and two regular times during your own week.

6. RENDEZ-VOUS

Piste 30

A. Listen to the conversation then fill in Julie's and François's diaries.

B. Using the information contained in this dialogue, imagine the text that François sends Julie.

7. LA RÉSERVATION

A. Using the assistant's notes, complete the email summary she sends Mr. Dusse.

Voyage au Portugal

Mardi 9
9h30 : réunion avant départ (bureau) ;
21h30 : RDV M. Gomez (resto)

Mercredi 10
9h : visite site A ;
11h30 : visite site B ;
17h–20h : Mme Roberta Alves, nouveau contrat

Jeudi 11
RDV à confirmer

Vendredi 12
10h : M. Gomez (dans son bureau)

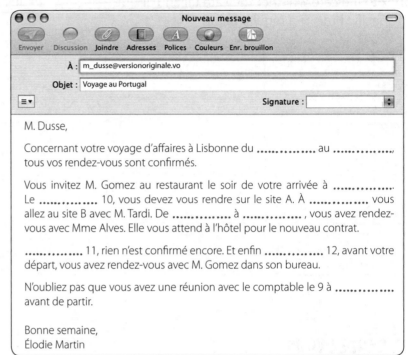

Nouveau message

À : m_dusse@versionoriginale.vo
Objet : Voyage au Portugal
Signature :

M. Dusse,

Concernant votre voyage d'affaires à Lisbonne du .... au ...., tous vos rendez-vous sont confirmés.

Vous invitez M. Gomez au restaurant le soir de votre arrivée à .... Le .... 10, vous devez vous rendre sur le site A. À .... vous allez au site B avec M. Tardi. De .... à .... , vous avez rendez-vous avec Mme Alves. Elle vous attend à l'hôtel pour le nouveau contrat.

.... 11, rien n'est confirmé encore. Et enfin .... 12, avant votre départ, vous avez rendez-vous avec M. Gomez dans son bureau.

N'oubliez pas que vous avez une réunion avec le comptable le 9 à .... avant de partir.

Bonne semaine,
Élodie Martin

B. Use the flight website to help Mr Dusse's assistant to reserve his flights and complete the email.

146,96 € Détail prix		Prix par personne A/R (Taxes comprises)*					1 Passager	
✈ **ALLER**		**mardi 9 janvier**						
○	Paris (Charles De...	07.20	Lisbonne (Lisboa)	Portugal	08.55	Ⓔ Economique	1 Escale	🛈
○	Paris (Charles De...	13.15	Lisbonne (Lisboa)	Portugal	14.45	Ⓔ Economique	1 Escale	🛈
○	Paris (Charles De...	20.15	Lisbonne (Lisboa)	Portugal	21.45	Ⓔ Economique	1 Escale	🛈
✈ **RETOUR**		**vendredi 12 janvier**						
○	Lisbonne (Lisboa)	08.20	Paris (Charles De...	France	11.50	Ⓔ Economique	1 Escale	🛈
○	Lisbonne (Lisboa)	11.10	Paris (Charles De...	France	14.40	Ⓔ Economique	1 Escale	🛈
○	Lisbonne (Lisboa)	15.35	Paris (Charles De...	France	19.05	Ⓔ Economique	1 Escale	🛈
* Frais de services non inclus.							**Sélectionner** →	

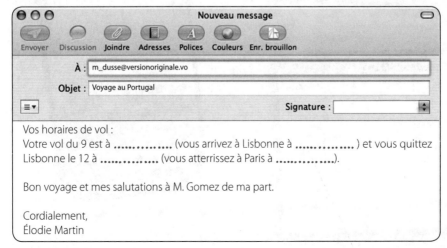

Nouveau message

À : m_dusse@versionoriginale.vo
Objet : Voyage au Portugal
Signature :

Vos horaires de vol :
Votre vol du 9 est à .... (vous arrivez à Lisbonne à ....) et vous quittez Lisbonne le 12 à .... (vous atterrissez à Paris à ....).

Bon voyage et mes salutations à M. Gomez de ma part.

Cordialement,
Élodie Martin

8. LA BONNE HEURE

Piste 31

A. Listen to these six dialogues and fill in all the times mentioned.

1. Le film est à ....

2. La Poste ferme à .... et il est ....

3. Réunion dans la grande salle à ....

4. Départ du train à ....

5. La piscine ouvre ....

6. Le cours se termine à ....

AIDE-MÉMOIRE

Wacht out for the speling of *demi*!
When used in expressions with *et demi*, eg., *Il est trois heures et demie*, it act as an adjective and agrees with the noun it qualifies.
But when it comes before the noun, eg., *une demi-heure*, it behaves like an adverb, and the ending does not change.

B. Now write the official form of each time mentioned.
   (NB it doesn't always change).

1. Le film est à ....

2. La Poste ferme à .... et il est ....

3. Réunion dans la grande salle à ....

4. Départ du train à ....

5. La piscine ouvre ....

6. Le cours se termine à ....

9. COMBIEN DE TEMPS ?

Piste 32

A. We asked people in the street two questions: **Comment allez-vous au travail ?** and **Combien de temps il faut ?**.Help the person making the survey to tick the different answers on his list.

		Personne A	Personne B	Personne C
Comment… ?	en voiture			
	en train			
	en métro			
	en tramway			
	en bus			
	à vélo			
	à pied			
Combien de temps ?	de 10 à 20 minutes			
	de 20 à 30 minutes			
	de 30 minutes à 1 heure			
	+ de 1 heure			

B. How do you get to work (or college or school), and how long does it take you?

10. LES FRANÇAIS... ET VOUS ?

A. Here are some survey facts about French people. How do you compare?

	MOI AUSSI	PAS MOI / MOI NON
Un Français sur trois va au musée au moins une fois par an.		
33 % des Français vont au restaurant entre 1 et 3 fois par mois.		
Les Français adorent le football.		
La majorité des Français préfère le cinéma à la télé.		
Les Français regardent moins la télévision et ils sont souvent devant leur ordinateur.		
Les Français aiment le vélo : la France est au quatrième rang mondial pour l'achat de vélos par habitant.		
Les Français préfèrent partir à la mer en été.		
47,5 % des Français de plus de 15 ans lisent la presse.		

B. In the empty lines add three similar facts about people in your own country and indicate how you compare.

11. ENTRETIEN AVEC DES ÉTUDIANTS

🔊 Piste 33

A. Three students are taking part in a radio broadcast. Listen to them and answer the questions by ticking the correct box.

	Jamais	Parfois	Souvent	Toujours
Alix prend un petit déjeuner.	☐	☐	☐	☐
Emmanuelle prend un petit déjeuner.	☐	☐	☐	☐
Anselme prend un petit déjeuner.	☐	☐	☐	☐
Alix fait du sport le matin.	☐	☐	☐	☐
Emmanuelle fait du sport le matin.	☐	☐	☐	☐
Anselme fait du sport le matin.	☐	☐	☐	☐
Alix a cours le matin.	☐	☐	☐	☐
Emmanuelle a cours le matin.	☐	☐	☐	☐
Anselme a cours le matin.	☐	☐	☐	☐
Alix se couche tard.	☐	☐	☐	☐
Emmanuelle se couche tard.	☐	☐	☐	☐
Anselme se couche tard.	☐	☐	☐	☐

B. And you, what do you always, often, sometimes or never do before going to class or work?

12. LES ACTIVITÉS

A. How would you categorize these activities? (An activity can belong to more than one category). You can add other activities that you know.

sport	art	divertissement	autres
	théâtre		

vélo   discothèque   tennis
lecture   danse   cinéma
cours de langue   théâtre
repas entre amis   piano

B. Complete this sentence with the following forms: **jouer de / jouer au / faire du**.

En français, on peut .... piano ou .... foot ;

mais on dit qu'on .... foot et qu'on .... piano.

C. Translate into English:

Je fais du tennis. ....

Je joue au tennis. ....

Je fais du piano. ....

Je joue du piano. ....

Je fais du théâtre. ....

Je joue au théâtre tous les soirs. ....

13. IL EST...

A. Find the adjectives that match the descriptions amongst these labels.

paresseux   gourmand   écolo   désordonné

intellectuel   casanier   sportif

1. Jean est toujours au bureau, même le dimanche. Il est *travailleur*.

2. Paul préfère rester à la maison et n'aime pas beaucoup sortir. Il est ....

3. Christelle ne retrouve jamais rien parce qu'elle ne sait pas ranger. Elle est ....

4. Cet homme préfère ne rien faire. Il est ....

5. Bernard aime beaucoup la culture et les choses de l'esprit. Il est ....

6. Chloé court et nage tous les jours. Elle est ....

7. William n'a qu'un credo, le respect de la nature. Il est ....

8. Jean-Pierre aime beaucoup manger. Il est ....

B. Choose three of the adjectives that remind you of yourself and use them to describe yourself briefly.

Babelweb
ESPAÑOL · FRANÇAIS · ITALIANO

14. DESSINE-MOI TA VIE

A. Do you like doodling? While you are on the phone? When you don't know what to do?
Why not draw a cartoon of some aspect of your daily life and share it with the members of Babelweb?
First, make a list of typical moments or events in your day, or in your recent past.

> lever, petit déjeuner, début du travail / de l'école, pauses,
> repas de midi, repas du soir, activités de la soirée, rencontre
> avec un ami, événement exceptionnel…

B. Now choose one or more of these that you think the most interesting to present on the blog.
They may be moments or events :
• that are typical of your culture (a traditional holiday, a particular time of the day…)
• that have marked your personal life,
• that affect you,
• that you particularly like, or dislike …

C. Before drawing…
• divide what you are going to describe into scenes – each one corresponds to a picture.
• choose not just the main characters and objects for your drawing, but also any extra items that will help to show where the event is taking place, who the characters are …)
• write some accompanying text: speech bubbles to make the characters talk, a story …

D. Do your drawing and upload it to the Babelweb **Dessine-moi ta vie** blog:

http://m8.babel-web.eu

On the blog, you will find ideas and advice to help you:
• draw your characters' faces, a body, decorative objects …
• write your dialogues and story in comic strip style
• even create a short online comic strip

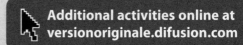

**Additional activities online at
versionoriginale.difusion.com**

On fait les boutiques ? | 6

1. PARTIR EN WEEK-END

A. You are going away for the weekend with a male or female friend. Depending on the destination and the date that you choose, you have to decide what you are going to pack in your bag.

> Week-end avec ....
>
> Destination : ....
>
> Date : ....
>
> Dans mon sac, je vais mettre...

B. When we go on a trip, we mustn't forget to take a toilet bag.
What do you put in it?

> Dans ma trousse de toilette, je mets...

2. SAINT-TROPEZ

Piste 34

Listen to this text about Saint-Tropez and tick the correct answers.

• Près de quelle ville se trouve Saint-Tropez ?

☐ Nice   ☐ Cannes   ☐ Monaco

• Quelles sont les professions citées ? :

☐ écrivaine   ☐ poète   ☐ acteur
☐ danseur   ☐ sculpteur   ☐ actrice

• Associez les noms et les lieux.

a. Pampelonne   ☐ le marché provençal
b. la place aux Herbes   ☐ le port
c. la brasserie Sénéquier   ☐ des tableaux impressionnistes
d. le musée de l'Annonciade   ☐ une plage

• Les tropéziennes sont…

☐ des sandales   ☐ des gâteaux   ☐ des herbes provençales

3. QUEL TEMPS FAIT-IL ?

A. Connect the expressions to the symbols. You can use the Internet or a dictionary to help you.

Il fait un froid de canard !

Il tombe des cordes !

Il fait un soleil de plomb !

Il fait une chaleur d'enfer !

B. Now complete each of these sentences with the expression that fits.

1. N'oublie pas ton parapluie, ...
2. Si tu vas à la plage, n'oublie pas le parasol, ...
3. Mets ton anorak, ...
4. Mets la clim, s'il te plaît ....

C. What would you say in English for each of the expressions?

Il fait un froid de canard ! ....
Il tombe des cordes ! ....
Il fait un soleil de plomb ! ....
Il fait une chaleur d'enfer ! ....

4. CE OU LE ?

Complete these sentences with **le**, **la**, **l'**, **les** or **ce**, **cet**, **cette** or **ces**.

1. • Il est à qui, ... anorak ?

   ○ Je crois qu'il est à Samantha.

2. • Tu te souviens de .... chemise rayée à manche longue

   qu'on a vue dans la boutique l'autre jour ?

   ○ Oui, elle était très jolie. Pourquoi ?

3. • .... sac à main est plutôt sympa, non ?

   ○ Personnellement, je n'aime pas trop.

4. • Monsieur l'agent, je viens de trouver

   .... portefeuille dans la rue.

   ○ Eh bien, apportez-le au commissariat du quartier.

5. • Qu'est-ce qu'il fait froid, j'ai les mains glacées !

   ○ Tiens, prends donc .... gants !

6. • Je ne trouve plus .... jupe à fleurs de mon anniversaire !

   ○ Tu es sûre de ne pas l'avoir rangée dans .... tiroir ?

5. GOÛTS ET COULEURS

A journalist asks a passing woman about her taste in clothes and fashion. Read the questions and fill in the missing words. Then listen to the broadcast and reply to the questions yourself.

• Bonjour, je peux vous poser quelques questions sur vos goûts vestimentaires et la mode ?

○ Bien sûr.

• Alors, pour vous, ... est le pays de la mode ?

○ ☐ La France

   ☐ L'Italie, la France et le Japon

• Alors justement, ... sont vos vêtements préférés ?

○ ☐ Les vêtements en laine, mais pas en été.

   ☐ Les vêtements en lin, en été.

• .... sont vos critères pour acheter vos vêtements ? Le prix ? Les couleurs ?

○ ☐ Surtout le prix et les couleurs

   ☐ Surtout le prix et le style

• À .... occasion vous faites particulièrement attention à vos vêtements ?

○ ☐ Pour aller au travail

   ☐ Pour retrouver une personne particulièrement appréciée

• Et au niveau des couleurs, ... sont celles qui vous plaisent le plus ?

○ ☐ Le rose, le bleu et le blanc
   ☐ Le rose, le blanc mais pas le bleu

• En général, ... sont vos goûts en matière de parfum ?

○ ☐ Les grandes marques françaises
   ☐ Les parfums fruités

6. LA FÊTE D'ANNIVERSAIRE

A. May 7th is Alexandre's birthday. Using these lists, help his friends Stéphane and Séverine to dress for his birthday party.

anorak	argenté	à carreaux
bas	beige	à fleurs
baskets	blanc	à manches
bonnet	bleu	courtes
bottes	gris	à manches
casquette	jaune	longues
chaussettes	mauve	à rayures
chaussures	noir	à talons
chemise	orange	en coton
collants	rose	en cuir
écharpe	rouge	en laine
jean	vert	en lin
jupe		en satin
manteau		en velours
pantalon		
pull		
robe		
tee-shirt		

Stéphane peut mettre…

....

....

Séverine peut mettre…

....

....

B. If you were invited, what would you wear to this party?

....

....

7. DEVINETTES

Read these sentences and guess which piece of clothing or accessory each one is (there may be several possible answers).

1. Je suis en laine et on me met l'hiver. Je suis ....

2. Nous sommes deux et on nous porte l'été. Nous sommes ....

3. Je peux être en cuir et je peux contenir beaucoup de choses. Je suis ....

4. Je suis très petit et on me met l'été pour aller à la plage. Je suis ....

8. MASCULIN OU FÉMININ

Piste 36

A . You will now hear a series of 8 adjectives. Write them into this table, then put a cross (x) in the = column if the pronunciation of the masculine and feminine forms is the same, in the ≠ column if it is different.

		=	≠
1	affreux		x
2	super	x	
3			
4			
5			
6			
7			
8			

B. Find five other adjectives in the **Student's Book** and categorise them in the same way.

		=	≠
1			
2			
3			
4			
5			

9. FICHE DE VENTE

Piste 37

A. Listen to this conversation between an assistant and a customer in a clothes shop. Tick the receipt that corresponds to what the customer bought.

Fiche de vente 1 ☐

Produit acheté | chemise

Général

Détail	manches courtes/unie
Couleur	blanche
Taille	40
Prix	35 euros
Paiement	carte bancaire

Fiche de vente 2 ☐

Produit acheté | chemise

Général

Détail	manches longues/fleurs
Couleur	rose
Taille	42
Prix	35 euros
Paiement	chèque

Fiche de vente 3 ☐

Produit acheté | chemise

Général

Détail	manches longues/rayée
Couleur	rose et blanche
Taille	42
Prix	35 euros
Paiement	chèque

B. The customer goes home and shows his new shirt to his daughter. Imagine how she might react.

● Regarde ma chemise neuve ! Tu aimes ?

○ ....

● T'aimes pas ?

○ Si, elle est .... mais pas ....

● Tu préfères les chemises à fleurs ?

○ À fleurs ? Ah non ! Ça c'est .... !

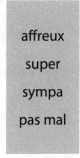

affreux

super

sympa

pas mal

10. MOTS FLÉCHÉS
Complete this crossword.

1 . On le met pour aller à la plage ou à la piscine.

2 . Elles protègent du soleil.

3 . Elle peut être pour les cheveux,

   pour les dents ou pour les chaussures.

4 . Il se porte en hiver et il tient chaud.

5 . Vêtement féminin. Elle peut être longue ou courte.

6 . Pâte pour se laver les dents.

7 . Sport de balle ou chaussures sportives.

8 . Vêtement féminin qui couvre le buste et les jambes.

9 . Il y a la serviette de table et la serviette de…

10 . Il sert à se peigner.

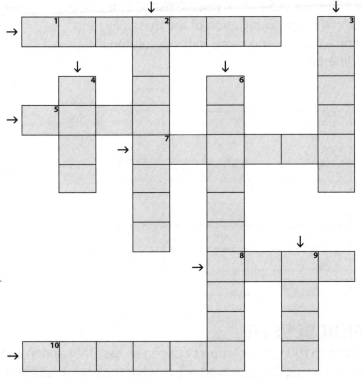

11. EN SAVOIR PLUS SUR... KARL LAGERFELD

Piste 38 Listen and take notes. Then continue the description of the person in black at the front of the photo on page 79 of your **Student's Book**.

Qui est Karl Lagerfeld ?

Date de naissance : ___ / ___ / _____   Ville : _____

Année d'installation en France : _____

Ses métiers (2) : _____   _____

Il travaille pour (2) _____   _____

En 2004, il dessine :

☐ deux timbres.   ☐ deux affiches.

En 2008, il fait une publicité pour :

☐ la Poste française.   ☐ la Sécurité routière française.

12. LE VOCABULAIRE DE MES ACHATS

Look again at the **Dolio** website on page 80 of your **Student's Book**, and sort the vocabulary used to describe the clothes into the following categories. Add any other similar vocabulary you know.

vêtements	couleurs	**en** + matières	motifs	**à** + détails

13. ET DANS VOTRE LANGUE ?

A. How do you say in English…

Bonjour Madame, je voudrais essayer la veste rayée en taille 40 et le pantalon gris en taille 42, s'il vous plaît.

Et quel est le prix de ce sac en cuir ?

Est-il possible de payer par carte bancaire ? Laquelle prenez-vous ?

B. In French, **vous portez** or **vous mettez** a piece of clothing, glasses, shoes. What do you say in English?

C. When a French person goes on holiday or on a trip, **il fait sa valise**. Which verb or phrase would you use in English ?

14. PARTIR EN VACANCES

A. You want to go on holiday abroad. Use the internet to find an online travel agency website and choose a destination.

Destination choisie : ....

Période du séjour : ....

Durée du séjour : ....

Type de logement choisi : ....

B. Now look at an online weather website to find out what the weather is like there.

Il fait...

....
....
....

C. Now decide the contents of your suitcase. What will you take?

Ne pas oublier

....
....
....
....

Additional activities online at versionoriginale.difusion.com

Et comme dessert ? | 7

1. LES MAGASINS

A. Where can you buy these products?

- [ ] Dans une boulangerie
- [ ] Dans une cave à vins
- [ ] Dans une poissonnerie
- [ ] Dans une charcuterie
- [ ] Dans une pâtisserie
- [ ] Dans une fromagerie
- [ ] Dans une bijouterie
- [ ] Dans une librairie

B. Make a list of the products that you usually buy and indicate where you find them.

....

....

....

....

....

....

....

2. DANS UNE FAMILLE D'ACCUEIL

You are going to France to do a residential language course and will be living with a host family. You have to fill in the following form.

Formulaire d'alimentation

Suivez-vous un régime spécifique ? ☐ oui ☐ non

Êtes-vous allergique au gluten ? ☐ oui ☐ non

Êtes-vous allergique au poisson ? ☐ oui ☐ non

Au petit-déjeuner, vous mangez

....

....

....

En général, vous ne mangez pas de

....

....

....

3. LA CRÊPE SUZETTE

Piste 39

Listen to this excerpt from a radio broadcast about the tradition of crêpes in France and fill in the following details.

La crêpe Suzette :

- L'inventeur de la crêpe Suzette : Auguste Escoffier
- « Suzette » est l'actrice : Suzanne Reichenberg
- Cette crêpe est inventée pour :
- La crêpe Suzette est : ☐ salée ☐ sucrée
- Sa garniture :

- Elle est connue :

4. À LA CRÊPERIE !

A. You are going to the crêperie with someone who doesn't eat meat.
Advise him on which crêpes he will enjoy.

Crêperie Ty Breizh

Les salées		
Fromage	4,50 €	
Œuf	4,50 €	
Jambon	4,50 €	
Popeye *Épinards, crème fraîche, œuf*	6,30 €	
Printanière *Salade, œuf, tomate*	6,30 €	
Ty Breiz *Saucisse, fromage*	6,30 €	
Harpe *Roquefort, beurre, noix*	8,30 €	
Crêpe Maison *Jambon, fromage, champignons*	6,30 €	
Laïta *Saumon fumé, crème fraîche, citron*	8,30 €	
Berger *Fromage de chèvre chaud, salade, tomates*	8,30 €	
Périgourdine *Foie gras, salade, tomate*	8,50 €	
Charleston *Pommes de terre, fromage, jambon, œuf, salade*	9,50 €	
Campagnarde *Œuf, champignons, oignons, crème fraîche, salade*	9,50 €	

Les sucrées	
Sucre	3,00 €
Beurre et sucre	3,00 €
Miel	4,50 €
Chocolat	4,50 €
Chantilly	4,50 €
Confiture au choix *Fraise, myrtille, orange, framboise*	4,50 €
Noix	4,50 €
Banane, chocolat	5,50 €
Banane, chocolat, chantilly	6,00 €
Supplément Boule de glace	2,00 €

À ta place, je ne prendrais pas la crêpe .... parce qu'elle contient ....

À ta place, je ne prendrais pas la crêpe .... parce qu'il y a ....

À ta place, je prendrais la crêpe .... parce qu'elle ....

....

B. Now create your own ideal crêpe-based menu (two savoury and one sweet).
Suggest a name for the menu and for each crêpe.

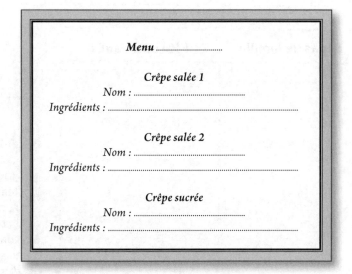

Menu ....

Crêpe salée 1
Nom : ....
Ingrédients : ....

Crêpe salée 2
Nom : ....
Ingrédients : ....

Crêpe sucrée
Nom : ....
Ingrédients : ....

C. What drink would you suggest to accompany this menu?

Je conseille ....

5. QUE CHOISIR ?

A. You take a French friend to eat in a restaurant that specialises in your country's cuisine. Which specialities would you recommend?

1. S'il aime la viande/le poisson : ....

2. S'il n'aime pas la viande/le poisson : ....

B. Describe to your friend the ingredients of your recommended dishes:

1. Dans ce plat, il y a : ....

....

2. Dans ce plat, il y a : ....

....

6. À TABLE !

You have to organise a picnic, a family meal and a birthday party with friends.
What do you put on the table or rug for each meal?

une bouteille en plastique	une fourchette	un verre à plastique
une bouteille de vin	une serviette	une serviette en papier
une carafe d'eau	un verre à vin	une cuillère
une assiette	une petite cuillère	....
un verre à eau	une serviette en tissu	....
un couteau	une assiette en carton	....

Pique nique	Repas de famille	Fête entre amis

AIDE-MÉMOIRE

You can drink *un thé* - a (cup of) tea - in *une tasse à café* - a coffee cup - but you can't drink *un thé* in *une tasse de café* - a cup of coffee. In other words, *à* signifies the function (*verre à eau*), while *de* signifies the contents (*verre d'eau*).

7. NOUVELLE CUISINE

Florence has just moved. She won't be there on the day when the mover brings her furniture and crockery. She leaves this note. Fill in the missing words.

> Alors, la table, on va ____ mettre au milieu et le frigo on va ____ pousser à droite... et la cuisinière et le micro-onde on va ____ mettre à gauche.
> La vaisselle, maintenant...
> Les assiettes, mettez-____ dans le placard. Les verres, on va ____ mettre à côté. La cocotte-minute, on va ____ mettre aussi dans le placard.
> Et maintenant la nappe et les torchons : posez-____ sur la table.
>
> Merci encore

8. LA LISTE DE COURSES

Piste 40

A. List to the recording and sort the food words according to the three sounds: ɔ̃, ã or ɛ̃. Careful! Some words can be put in two columns!

ɔ̃	ã	ɛ̃

B. What other words do you know that contain one or more of these three sounds?

ɔ̃ ....

ã ....

ɛ̃ ....

9. LES SUPERMARCHÉS

Fill in the missing articles.

> ### Les supermarchés
>
> En France, il y a .... supermarchés immenses qui proposent des centaines .... produits alimentaires : .... dizaines de fromages, ... centaines .... vins, ... grande variété .... charcuterie, ... fruits et .... légumes variés, sans parler .... foie gras ou .... huîtres...
> Aujourd'hui on trouve même .... repas tout prêts, sous vide, cuisinés par .... plus grands chefs !

10. VOTRE SOIRÉE

You invite a friend to spend the weekend at your house. You send an email explaining the plans you have made.

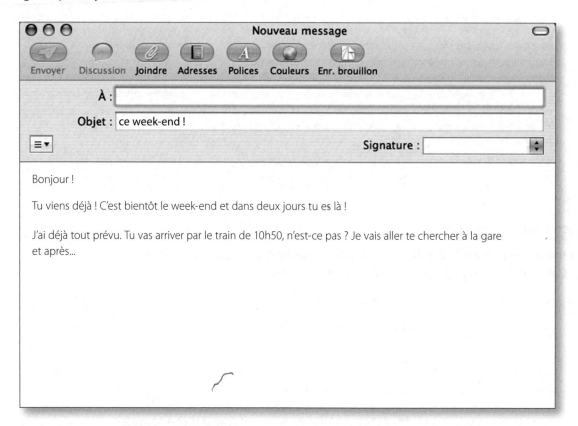

Nouveau message

Envoyer   Discussion   Joindre   Adresses   Polices   Couleurs   Enr. brouillon

À :

Objet : ce week-end !

Signature :

Bonjour !

Tu viens déjà ! C'est bientôt le week-end et dans deux jours tu es là !

J'ai déjà tout prévu. Tu vas arriver par le train de 10h50, n'est-ce pas ? Je vais aller te chercher à la gare et après...

11. DE DEVINETTES EN DEVINETTES

Match each sentence on the left with a word on the right. Careful! There are four spare words.

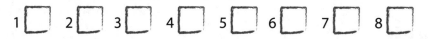

1 ☐ 2 ☐ 3 ☐ 4 ☐ 5 ☐ 6 ☐ 7 ☐ 8 ☐

1. En général, on la met sur la salade.	a. l'eau
2. On peut le manger avec du pain.	b. la glace
3. On peut les éplucher avant de les manger.	c. la viande de bœuf
4. On la mange avec de la crème chantilly.	d. la vinaigrette
5. On l'achète à la boucherie.	e. le beurre
6. On la boit du robinet ou en bouteille.	f. le fromage
7. On l'achète à la boulangerie,	g. le jus d'orange
8. En Belgique, on les mange souvent avec des moules.	h. le pain
	i. le poisson
	j. les cerises
	k. les frites
	l. les pommes

12. MON RÉSEAU DE MOTS

Fill in the diagram with related vocabulary for meals and the different ways of preparing meat and vegetables. You can expand the network.

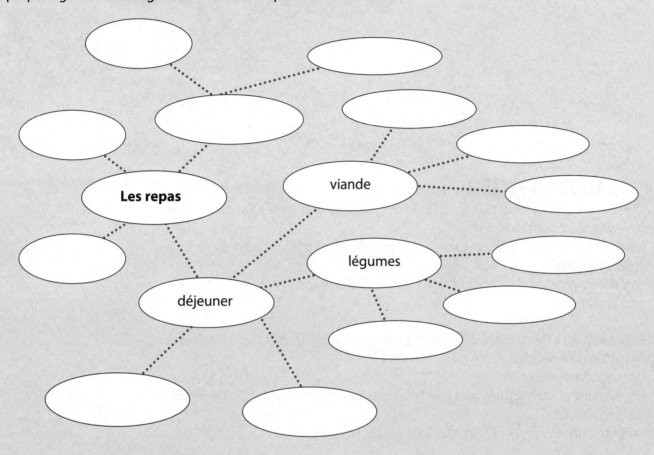

13. ET DANS VOTRE LANGUE ?

A. How do you say the following in English?

Pour faire des crêpes j'ai besoin de lait, d'œufs et de farine.

....

Je peux manger les crêpes sucrées avec de la confiture, du chocolat ou des fruits.

....

....

B. Do you use the same structure in English to express a future action or an intention as the French **aller** + infinitive (as in the sentence **je vais prendre un steack**)?

....

C. In English, do you also **préparer** a meal? What other word could you use?

....

14. MA RECETTE PRÉFÉRÉE

A. Choose a favourite dish that you would like to share with other Babelwebbers.
Before writing down the recipe:
  • make a list of the ingredients you need and all the things you have to do to make the dish.
  • prepare a short text to introduce the recipe and to explain why you like this particular dish.

B. Babelweb asks for published recipes to be illustrated with pictures or videos.
To illustrate your recipe:
  • write the recipe out in full;
  • make a list of the pictures that you think will help Babelwebbers to understand and follow it;
  • take the photos and fit them into your text.

To publish your video recipe:
  • make a list in chronological order of the scenes that you are going to shoot,
  • prepare the commentary for each scene;
  • repeat once or twice;
  • then shoot your film!

You will find advice on Babelweb on making the video and how to integrate it into the blog.

C. React to the published recipes: you can comment on the recipes if they interest you, or if they inspire you to try them…

D. To publish your recipe on Babelweb, go to the website:

http://m5.babel-web.eu

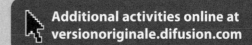
Additional activities online at
versionoriginale.difusion.com

Je sais bricoler | 8

1. QUEL SERVICE ?

A. On pages 106 and 107 of the **Student's Book**, find the people who can offer the following services:

Bricolage	Véronica
Jardinage	
Enseignement	
Baby-sitting	
Pâtisserie	

B. What service can you offer? Write a short advert for the association's noticeboard.

2. AVIS DE RECHERCHE

Complete the two job ads on the website below with adjectives from this list.

jeune	beau	sociable	petit	travailleur	grand	timide
sportif	responsable	sympatique	intelligent	aimable	autoritaire	dynamique
chevelu	sérieux	discret	musclé	paresseux	indépendant	jovial

EMPLOIS VO

http://www.emplois.vo Google

accueil | à propos | publicité | aide | contactez-nous!

Mon compte | Inscription

Emploi   Annuaire Emploi   Formation   Diffusion de CV   Modèles de CV   Communauté   Produits et tarifs

Offre : Agence de publicité recherche jeune homme pour annonce TV de shampoing antipelliculaire

Contact : agencepub@vo.fr

Caractéristiques recherchées : ....

....

Postuler   Envoyer   Sauvegarder

0 consultations

Détails

Reference : TE0444736
Salaire : Non renseigné
Pays : France
Lieu : Paris

Offre : Club de natation recherche moniteur/monitrice pour enfants.

Contact : natation@vo.fr

Caractéristiques recherchées : ....

....

Postuler   Envoyer   Sauvegarder

0 consultations

Détails

Reference : TE0444737
Salaire : Non renseigné
Pays : France
Lieu : Paris

3. JOUONS AVEC LES ADVERBES

A. What do you do often, always or never in the list below? Put a cross in the corresponding box.

	souvent	toujours	jamais
Faire les courses	☐	☐	☐
Faire des gâteaux	☐	☐	☐
Garder des enfants	☐	☐	☐
Conduire	☐	☐	☐
Lire la presse	☐	☐	☐
Promener le chien	☐	☐	☐
Bricoler	☐	☐	☐
....	☐	☐	☐
....	☐	☐	☐
....	☐	☐	☐

B. Now think about people you know and say whether they do the same things **souvent**, **toujours** or **jamais**.

Mon voisin bricole toujours le dimanche matin. ....

....

....

....

....

....

....

4. MOI, JE...

Imagine what these two girls might say when meeting for the first time for a language exchange. Use the phrases below to help you.

Moi, je m'appelle...

Et moi, je m'appelle...

J'aime...   J'adore...   Je voudrais être...

5. FLASH INFOS

Piste 41

A. Listen to three breaking news stories on Radio VO, and indicate the Internet site that corresponds to each story.

B. Develop one of the three news stories.

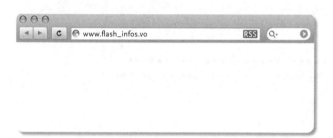

C. Report a recent news story in your country in the form of breaking news.

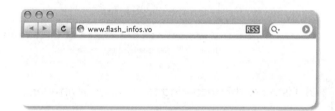

6. CONSTRUCTION

Complete the table with the missing infinitives or past participles, and then make a sentence in the **passé composé** using each verb.

Infinitif	Participe passé	Passé composé
dormir	dormi	Hier dimanche, j'ai dormi longtemps
	reçu	
prendre		
	lu	
acheter		
	dit	
	fait	
continuer		
	mis	
revenir		
	né	
entrer		

7. JEAN-PAUL GAULTIER, CRÉATEUR DE MODE

A. Read this biography of Jean-Paul Gaultier and complete the sentences using the verbs below.

naître	apprendre	donner	réaliser	travailler	faire	être	devenir

Jean-Paul Gaultier .... en 1952 à Bagneux et il ....
très jeune la couture avec sa grand-mère. Puis, le film Falbalas de Jacques
Becker lui .... envie de travailler dans la haute couture.
Jean-Paul Gaultier .... les costumes de nombreux spectacles
et en 1985, il .... pour la chorégraphe Régine Chopinot.
Il .... les costumes des comédiens, acteurs et mannequins
pour le ballet Le Défilé. Ce ballet .... très important dans
l'histoire de la mode et de la danse.
En 2004, Jean-Paul Gaultier .... directeur du prêt-à-porter
femme chez Hermès.

B. Listen to this recording to check your answers.

Piste 42

8. LES ÉTAPES D'UNE VIE

Talk about the main stages in the life of a person you know well or you admire. You can use the words in the box to help you.

en

de... à

dans les années...

depuis

à

pendant

9. LES LIAISONS

A. Listen to these phrases and tick the written form when you hear a liaison.

Piste 43

☐ nous ignorons   ☐ nous savons   ☐ il s'habille

☐ elles sont parties   ☐ vous arrivez   ☐ vous souriez

☐ ils oublient   ☐ nous aimons   ☐ ils usent

☐ on arrive   ☐ ils ont   ☐ ils sont

B. Complete this rule by circling the correct form.

> On fait la liaison entre le pronom personnel et le verbe si le pronom personnel se termine
> par une **consonne** / **voyelle** et le verbe commence par une **consonne** / **voyelle**.

10. SAVOIR OU POUVOIR ?

A. Complete these sentences with **savoir** or **pouvoir**.

1. J'ai pris des cours de natation. Maintenant, ... nager.

2. Marie a peur des ascenseurs. Elle .... monter dedans !

3. La petite Alma apprend à écrire. Elle .... écrire son nom.

4. Samuel veut aller à la montagne avec ses amis mais il .... skier !

5. Nous sommes cinq et ma voiture .... prendre seulement quatre personnes.

6. Nous voulons partir en week-end mais nous .... laisser les enfants seuls à la maison.

7. Il .... retirer de l'argent s'il .... son code.

8. La nouvelle secrétaire .... parler cinq langues !

9. Nous sommes bien arrivés dans la ville mais nous .... encore où est l'hôtel.

B. And you? What do you know how to do? What can you do?

Moi, je sais ....

Moi, je peux ....

11. DÉJÀ ?

Complete the sentences with the words below.

pas encore	déjà	jamais

1. L'homme a .... marché sur la Lune, mais il n'est .... allé sur Mars.

2. L'homme a .... inventé la voiture qui parle, mais .... la voiture qui vole.

3. De nombreux navigateurs ont .... fait le tour du monde en solitaire.

4. À Paris, il n'y a ...., mais ....

12. LES MÉTIERS

Fill in the blanks to match profiles and careers.

Profil	Métiers
Une personne qui aime aider les gens et travailler en équipe peut être ...	
	Cuisinier
Une personne créative et douée de ses mains peut être ...	
Une personne qui a le sens des affaires peut être...	
	Informaticien
Une personne qui parle plusieurs langues et qui aime voyager peut être	
Une personne qui aime les arts et la culture peut être...	

13. SIGLES ET ACRONYMES

Use a search engine to find the meanings of the following words, acronyms or abbreviations, then place them in the sentences below.

| BD | DELF | ONG | RDV | RIB | SEL | SNCF | SVP | TVA |

1. Jean-Marie est parti en Somalie pour collaborer avec

   une .... qui forme des instituteurs dans les villages.

2. Samir a donné .... à Sophie

   devant la gare ....

3. À l'entrée de la salle d'enregistrement,

   il est écrit : « Silence, ... ! »

4. Pour partir étudier en France, Raquel doit absolument

   se présenter au ....

5. En France, les factures doivent toujours

   indiquer la ....

> **AIDE-MÉMOIRE**
>
> In French, we often use abbreviated forms of expressions, names of organisations, etc. These forms are most commonly made up of initials (e.g., S.N.C.F.), and are called acronyms when pronounced as a single word, i.e., we don't spell out R–I–B but say RIB [ʀib].

14. ET DANS VOTRE LANGUE ?

A. Do we use the **passé composé** in the same way in English as in French?

☐ oui   ☐ non

And do the English equivalents of these three phrases use the same auxiliary verbs?

Il est né   ☐ oui   ☐ non
Il est rentré   ☐ oui   ☐ non
Il a lancé   ☐ oui   ☐ non

B. Translate the following sentences.

Paul Bocuse est né dans une famille de cuisiniers.

....

À 16 ans, il est entré comme apprenti dans un restaurant de Lyon.

....

En 1987 il a lancé un concours mondial de cuisine.

....

15. DE BON CŒUR

A. Use a search engine to find and connect to the France Bénévolat website, then choose a town where you would like to do your volunteer work.

B. From the drop-down lists select the **Domaine d'action** (field of activity) that interests you, and the **Type de mission** (type of work) which you would be able to offer.

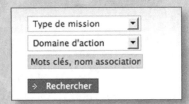

C. Choose an organisation from amongst those offered and click on the link. Then fill in the following form.

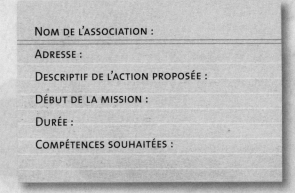

D. Now do the same for a volunteer organisation that exists in your own town or country.

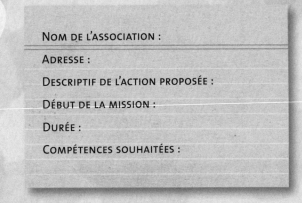

Additional activities online at versionoriginale.difusion.com

Annexes

- ▸ Culture
- ▸ Transcriptions des enregistrements

La francophonie au fil de l'eau

Le Rhin est l'un des deux grands fleuves qui prend leur source en Suisse. L'autre, le Rhône passe par la ville de Genève avant de continuer son cours en France pour se jeter dans la Méditerranée.

La Meuse est un autre fleuve de l'Europe francophone : elle traverse la Belgique et le Nord-Est de la France.

Plus au Sud, le fleuve Niger (voir photo) est certainement le plus grand fleuve de la francophonie. Son cours passe par la Guinée, le Mali, le Niger et le Bénin.

De l'autre côté de l'Atlantique, on trouve le fleuve Saint-Laurent au Québec, long de 1140 km.

Which are the longest rivers in your country? Tell us about one of them.

Les papiers des Français

Do you know what a French person usually has in his/her bag or wallet? Papers! Connect each document to its purpose.

La carte d'identité •

La carte vitale •

La carte bleue •

Le permis de conduire •

• Informe de la nationalité, des noms et prénoms, de la date de naissance et de l'adresse du titulaire.

• Certifie que le titulaire peut conduire un véhicule.

• Permet d'accéder à la couverture des dépenses de santé par la Sécurité sociale.

• Permet de réaliser des paiements.

Avez-vous un document semblable à la carte vitale ? En France, la carte vitale est la carte d'assurance maladie, elle est verte et elle comporte le nom, le prénom et le numéro de sécurité sociale de la personne.

carte d'assurance maladie

vitale

2 58 12 34 12 34 12 34
SOULET
LEO

Now find out why the French talk about a **carte bleue** even if the card is grey, green or *gold*!

La signalétique

When walking through the streets of a French town, you will see many useful signs. Can you match these four signs to the places they indicate?

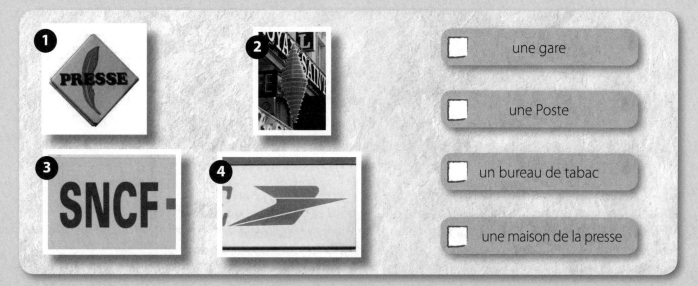

- [ ] une gare
- [ ] une Poste
- [ ] un bureau de tabac
- [ ] une maison de la presse

Certains de ces signes peuvent vous paraître curieux. Par exemple, saviez-vous que le signe du bureau de tabac représente une carotte ? On dit que la carotte sert à mieux conserver le tabac. C'est peut-être vrai mais le symbole de la carotte des enseignes de tous les bureaux de tabac de France vient de la forme de la botte dans laquelle les feuilles de tabac étaient vendues.

> And in your country, what are the signs for the Post Office, the station...? If a foreigner wants to buy stamps or bus tickets, where does he go? Are there specific signs?

Les jeux de société

Avec leurs amis ou en famille, les Français aiment jouer à des « jeux de société ». Ils jouent au Monopoly, au Pictionnary, au Scrabble.
Ils jouent aussi aux cartes : la belote, le rami, le tarot...
Avec les enfants, ils jouent au « jeu de l'oie » et aux « petits chevaux ».
À l'école, les enfants jouent à la marelle ; ce jeu s'appelle le « pousse-pion » au Cameroun. En Côte d'Ivoire et au Niger, on joue à l'Awalé.
Ce jeu est très populaire en France aussi.

> At home, what games do you play?
> Are some of them the same as in France?

Les horaires

Tick the correct opening hours for each of these public services or businesses in France.

Les marchés ont lieu	❏ le matin.	❏ l'après-midi.
Les supermarchés sont ouverts	❏ de 8h30 à 20h.	❏ de 10h à 22h.
Les petites boutiques sont ouvertes	❏ de 10h à 19h.	❏ de 10h à 12h30 et de 14h30 à 19h.
Les écoliers ont souvent classe	❏ du lundi au vendredi toute la journée.	❏ du lundi au vendredi sauf le mercredi.
On peut acheter du pain à partir de	❏ 7h.	❏ 8h.
Pour dîner au restaurant, on y va entre	❏ 19h30 et 21h30.	❏ 20h30 et 23h30.

Il n'y a pas d'horaires précis pour l'ouverture des magasins, mais en règle générale les boutiques indépendantes font une pause entre « midi et deux », les grandes surfaces ouvrent toute la journée. La particularité de l'école primaire est la journée libre du mercredi, donc certains parents ne travaillent pas ce jour-là pour garder leurs enfants.

What are the opening hours in your country?

Le mot juste ?

If we gave you this shopping list in France, what would you have to buy?

du sopalin ●	● un stylo
des kleenex ●	● du papier essuie-tout
un bic noir ●	● des mouchoirs
du scotch ●	● du ruban adhésif

Il est courant en français d'utiliser le nom de marque d'un produit pour le désigner. Ainsi, vous entendez parler de « frigo » (*Frigidaire* : marque déposée) au lieu de réfrigérateur. Les mots *bic, frigidaire, kleenex* et *scotch* sont dans le dictionnaire.

And in your country, what brand names do you use to talk about everyday objects?

À table

In restaurants in France, you always find certain things on the table. Which of these lists is correct?

☐	☐	☐
de l'eau gazeuse	une bouteille d'eau	une carafe d'eau
du vin	du coca	du pain
du pain	du pain	du sel et du poivre
du sel et du poivre	du sel et du poivre	de la moutarde
de la moutarde	du ketchup	

Au restaurant, le sel, le poivre et la moutarde sont sur toutes les tables. Quand vous êtes assis, le serveur apporte la carte, une corbeille de pain et une carafe d'eau et c'est gratuit ! Si vous voulez de l'eau minérale, il faut la commander et la payer. Le pain accompagne tous les repas. Pour manger rapidement, les Français commandent le « plat du jour ». On peut aussi choisir une « formule » : plat du jour + dessert + café ou entrée + plat du jour + café.

CAF, EDF... c'est quoi ?

En France, dans une conversation courante, vous pouvez entendre dans une phrase des mots étranges formés d'une suite de lettres. Par exemple, pour voyager en France, on prend le TGV et pour trouver une chambre d'étudiant on va au CROUS.

Match these acronyms to the full names, and explain what they are.

EDF • • La Caisse d'allocations familiales
CAF • • Le train à grande vitesse
TGV • • L'institut universitaire de technologie
IUT • • Le centre régional des œuvres universitaires et sociales
CROUS • • L'électricité de France

Ces mots sont très courants et il y en a des nouveaux chaque fois qu'un nouvel organisme se crée. Attention ! La prononciation n'est pas toujours la même : vous prononcez chaque lettre pour E.D.F., I.U.T. et T.G.V. , mais vous prononcez comme un mot CAF et CROUS. En fait, TGV peut s'écrire *tégévé*. Parfois un sigle peut même se transformer en substantif ! On appelle une personne qui appartient à la C.G.T. (un syndicat), *un cégétiste*.

And in your language, do you do the same thing? Can you give some examples and give their meanings?

UNITÉ 1

Piste 1 - Activité 2B

1.
- Bonjour Messieurs-dames !
- Bonjour ! Il vous reste de la place pour quatre personnes ?
- C'est pour manger ou pour boire ?
- Pour manger.
- Il reste cette table-là.

2.
- Bonsoir Madame ! Je peux vous aider ?
- Bonsoir Mademoiselle. Oui, je cherche un parfum pour homme.
- Oui. Ils sont ici. Celui-ci est nouveau. Il sent très bon, très masculin.
- Mmm! C'est vrai, mais mon mari est difficile…
- Ils sont tous difficiles, Madame…

3.
- Bonjour Monsieur !
- Bonjour Madame ! J'ai une réservation pour le vol Bruxelles-Toronto.
- Oui, votre passeport, s'il vous plaît.
- Tenez, le voici.
- Merci !

Piste 2 - Activité 6A

1. Le train TGV n°6634 à destination de Lyon partira avec cinq minutes de retard voie E.

2. Vous êtes sur la boîte vocale du zéro six un un quatre cinq quatre cinq quatre sept. Veuillez laisser votre message !

3. Vive les soldes ! Nous rappelons à notre aimable clientèle que le magasin offre 20 % de réduction sur tous les articles marqués !

4. Et voici les numéros gagnants du tirage du loto de ce soir : 6 - 16 - 22 - 35 - 38 et le 41 !

Piste 3 - Activité 7

Dernier appel pour le vol à destination de Rome, porte 4A, embarquement immédiat !

Promotion exceptionnelle de 25 % sur les appareils photos !

Le train numéro 3600 à destination de Marseille est annoncé avec un retard de 10 minutes.

Bordeaux bat Nîmes 3 à 1 !

Piste 4 - Activité 8A

1
- Eurolangues, bonjour !
- Bonjour Madame, je voudrais m'inscrire au cours de français A1 du mardi soir. Est-ce qu'il reste de la place ?
- Oui Monsieur ! Votre nom s'il vous plaît ?
- Marco Nobile.
- Vous pouvez l'épeler ?
- Marco Nobile, N-O-B-I-L-E.
- Très bien. Votre adresse s'il vous plaît ?
- 2 rue de Savoie, à Paris.
- Bien, et votre numéro de téléphone ?
- 0 6 7 1 2 4 9 7 7 3 .
- Vous avez une adresse e-mail ?
- Oui, c'est nobile6 arobase gmail point com.
- Très bien, Monsieur. À mardi alors !
- Merci, à mardi !

Piste 5 - Activité 8A

2.
- Bonjour, je voudrais m'inscrire à un cours de français B1.
- Bonjour Madame, asseyez-vous, s'il vous plaît. Je vais prendre vos coordonnées. Alors d'abord, votre nom ?
- Je m'appelle Lidia Costa.
- Comment ça s'écrit ?
- Lidia Costa, C-O-S-T-A.
- Merci. Votre adresse s'il vous plaît ?
- 15 rue de Metz, à Paris.
- Très bien. Votre numéro de téléphone ?
- 01 20 48 33 51.
- Merci. Vous avez un e-mail ?
- Oui, costal arobase web point es.

Piste 6 - Activité 14A

douze	euro
Louise	trois
toi	vidéo
chaud	eau
numéro	croissant
métro	

UNITÉ 2

Piste 7 - Activité 1

A. $12 + 4 =$
B. $69 - 13 =$
C. $4 + 18 =$
D. $100 + 10 =$
E. $75 - 15 =$
F. $83 + 9 =$
G. $43 - 7 =$
H. $16 + 41 =$
I. $57 + 32 =$

Piste 8 - Activité 2

1. Nombre à trouver : 92.
   Chiffres : 5 – 2 – 4 – 10
   Quatre plus cinq égale neuf ; neuf fois dix égale quatre-vingt-dix ! Quatre-vingt-dix plus deux égale quatre-vingt-douze. Le compte est bon !

2. Nombre à trouver : 51.
   Chiffres : 2 - 5 - 5 - 6 - 9 - 7

3. Nombre à trouver : 77.
   Chiffres : 3 - 10 - 8 - 4 - 1 – 1

Piste 9 - Activité 3

1.
● Librairie Le Livre jaune, bonjour !
○ Bonjour Madame, je vous appelle pour passer une commande pour mon école.
● Ah, d'accord.
○ Alors, je voudrais 30 exemplaires du *Petit Prince*, 15 du *Petit Nicolas* et 2 de *Dany Laferrière*, « L'énigme du retour ».
● Très bien, alors je vous prépare la commande pour demain.
○ Ah très bien, merci. Au revoir !

2.
● Boulangerie Banite bonjour !
○ Oui, bonjour Monsieur, restaurant Musset. J'aimerais commander 30 pains pour samedi.
● D'accord, je note…
○ Avec ça, 15 tartes aux fraises et 40 petits fours salés.
● Parfait, c'est noté. Vous m'envoyez un fax dans la journée pour confirmer ?
○ D'accord Monsieur. Au revoir !
● Au revoir !

Piste 10 - Activité 5

● Bonjour, aujourd'hui nous sommes à Agen pour le jeu des 2000 euros ! Notre premier candidat est…
○ Bonjour, je m'appelle Luc. Je travaille dans la restauration.
● Très bien, et vous avez quel âge ?
○ J'ai 28 ans.
● Merci beaucoup, notre deuxième candidat, ou plutôt candidate aujourd'hui est…
◆ Bonjour, je m'appelle Valérie, j'ai 35 ans.
● Bonjour Valérie, et qu'est-ce-que vous faites dans la vie ?
◆ Je suis professeur.
● Merci et notre dernière candidate s'appelle ?
□ Sylviane. Bonjour.
● Bienvenue Sylviane. Et qu'est ce que vous faites dans la vie ?
□ Je suis étudiante. J'ai 19 ans.
● Très bien, nous allons commencer maintenant…

Piste 11 - Activité 9

1.
● Tu sais, Étienne travaille dans les affaires maintenant.
○ Ah oui, qu'est-ce qu'il fait ?
● Il est banquier.

2.
● Aujourd'hui, j'ai 40 ans !
○ On va fêter ça, alors !

3.
● Il est dans quelle branche, Marc ?
○ Dans la mode.

4.
● Tu sais pourquoi elle apprend le français ?
○ Parce qu'elle a un copain français, non ?

5.
● Vous avez votre passeport, madame ?
○ Oui, tenez.

6.
● Ils sont suisses ou belges, ces étudiants ?
○ Belges, je crois.

Piste 12 - Activité 14C

1. Bonjour. Eh bien moi, je porte secours aux personnes… J'éteins les incendies…

2. Je dois faire attention à ne pas mélanger des produits dangereux… sinon, boum !

3. Moi, je suis la spécialiste des chiffres… Les analyses, les résultats, tout ça, c'est mon truc.

4. On dit qu'on a beaucoup de vacances, mais on oublie la préparation des cours, les examens, etc. Et puis, ce n'est pas toujours facile en classe.

UNITÉ 3

Piste 13 - Activité 7

J'habite une petite maison dans un village du sud de la France. Il y a une petite place avec des arbres. C'est agréable. Mais l'été, il y a vraiment beaucoup de touristes ! Et puis, il n'y a pas assez de commerces pour tout ce monde… Il y a seulement un café, une boulangerie, une boucherie et une épicerie. Si on veut aller au cinéma ou au restaurant, on doit aller dans la ville d'à côté. En été, un autre problème, c'est les voitures ! Tous les touristes viennent en voiture. Trop, c'est trop !! Ça pollue et c'est bruyant !!! Si les touristes veulent rester dormir dans le village, ils n'ont pas beaucoup d'options : il y a seulement deux petits hôtels, mais c'est déjà ça !

Piste 14 - Activité 8

cinéma	musée
le	supermarché
quartier	les
école	appartement
église	boulangerie
piétonne	

Piste 15 - Activité 9

1. le restaurant	7. le téléphérique
2. les magasins	8. les rues
3. la ville	9. la campagne
4. le métro	10. le parc
5. les musées	11. le quartier
6. les fleuves	12. le cinéma

Piste 16 - Activité 10B

Nous, on est là. C'est la place de l'Hôtel de Ville. La mairie est au fond de la place, côté rue des Frères-Martin. Devant la mairie, il y a, sur la même place, un parking. En face du parking, juste à côté de la bijouterie, il y a une papeterie.
En face de la bijouterie, au coin de la rue du Port et de la rue de Brest, il y a la Poste. Entre la Poste et le restaurant mexicain, il y a une boucherie.
Derrière la mairie, il y a une librairie et un restaurant indien. Il est juste au coin de la rue des Frères-Martin et la rue des Écoles. En face de ce restaurant, il y a un grand bâtiment, c'est le lycée. Et à côté du lycée, il y une boulangerie et, au coin de la rue, il y a une pharmacie. Ah, si tu veux retirer de l'argent, il y a une banque en face, au coin de la rue du Marché.

UNITÉ 4

Piste 17 - Activité 1A

1.
Salut, j'ai 24 ans et j'habite à Berlin. J'étudie médecine et j'adore visiter les musées. J'aime aller à la montagne et me reposer avec un bon livre. J'apprends le français depuis deux ans.

2.
Bonjour ! Je vis à Marseille et je travaille dans l'informatique. J'ai 29 ans et je suis très sportif. Je fais beaucoup de snowboard et je nage tous les jours avant d'aller travailler.

Piste 18 - Activité 2B

● Bonjour Mademoiselle ! Je fais un petit sondage sur les goûts des jeunes. Je peux vous demander quel est votre loisir préféré ?
○ Bonjour. Euh… mon loisir préféré… ben, j'adore aller au cinéma.
● D'accord. Et votre acteur préféré ?
○ Pfff, y en a beaucoup… Johnny Depp.

● Ah, je vois… et côté musique, votre chanteuse préférée ?
○ Ma chanteuse préférée ? C'est Diam's.
● Ah oui ? J'aime beaucoup aussi ! Vous connaissez son dernier album ?

Piste 19 - Activité 6

A. Le jazz, c'est génial !
B. Si j'aime le sport ? Oh non… pas du tout !
C. Le bricolage ? Oui, mais très peu !
D. Ah la danse… je me rappelle mes soirées tango à Buenos Aires…
E. Non, je n'ai pas la télé ! C'est stupide et je préfère sortir !
F. J'ai vraiment de la chance de pouvoir faire le travail que je veux depuis toujours !

Piste 20 - Activité 7

1.
● Quelle est votre activité préférée ?
○ Alors moi, j'adore rester à la terrasse d'un café et discuter pendant des heures avec mes amies.

2.
● Quelle est votre activité préférée ?
○ Hum, j'en ai beaucoup, mais je crois que ce que je préfère, c'est aller voir un bon film avec mon petit ami.

3.
● Quelle est votre activité préférée ?
○ Je fais beaucoup de sport. Comme j'ai beaucoup d'énergie, ça me relaxe. D'ailleurs, je vous laisse car je dois aller nager…

4.
● Quelle est votre activité préférée ?
○ Bah, vous savez, moi, je ne fais pas grand chose… un bon livre et un thé et ça me va très bien.

5.
● Quelle est votre activité préférée ?
○ Avec mes potes on a monté un groupe de rock-jazz-fusion. Je suis le bassiste !

Piste 21 - Activité 8A

Pour vous présenter, répondez aux questions et prenez des notes. Comment vous vous appelez ?
Quel âge avez-vous ?
Et vous habitez où ?
D'accord, et que faites-vous dans la vie ?
Vous jouez d'un instrument de musique ?
Et quelle est votre passion ?
Vous parlez quelle langue ?
Enfin, le week-end, qu'aimez-vous faire en général ?

Piste 22 - Activité 9

1.
● Ça vous fait 12 €, s'il vous plaît.
○ Tenez !
● Vous n'avez pas 2 € ?
○ Attendez, je regarde…

Piste 23

2.
● Chris, attends-moi !
○ Eh toi là-bas ! Faut pas courir sur le bord de la piscine !
● Oui, oui !
○ J't'ai dit de ne pas courir sur le bord de la piscine !!!

Piste 24

3.
● Bonjour Madame, vos papiers, s'il vous plaît !
○ Tout de suite, Monsieur l'agent. Ils sont dans mon sac.

Piste 25

4.
Le temps sera beau et chaud toute la journée au sud de la Loire. Les pluies reviendront dans l'après-midi dans le nord et il ne fera pas bon sortir sans les pulls à Paris...

Piste 26

5.
Le train TER de 9 heures 33 partira avec 5 minutes de retard, quai 2, voie E. Le train desservira les gares de Toulouse-Matabiau, Montauban et Carcassonne.

Piste 27

6.
Tomates, tomates ! Les dernières tomates… pas à 4 € ! pas à 3 € ! Mais à 2 € seulement le kilo !

UNITÉ 5

Piste 28 - Activité 3

Après le journal de 13h, vous allez pouvoir passer un après-midi sportif, avec du tennis sur la deuxième chaîne à partir de 14h et, sur la 6, du rugby à partir de 16h30. Si vous n'aimez pas le sport, vous pouvez toujours suivre, sur la 3, la suite de la série *Au soleil d'été*, à 14h30. Juste après, ne manquez pas le rendez-vous avec Albert Lamaison qui recevra de 16h à 19h, ses invités. Aujourd'hui, l'invité spécial sera Francis Cabrel. Ce soir, après le journal de 20h, nous vous proposons la soirée spéciale *Tous contre la maladie*, une émission à ne pas rater sur la 4 à partir de 20h45. Finalement, les amoureux du cinéma vont pouvoir voir ou revoir *Un dimanche à la campagne* à minuit.

Piste 29 - Activité 5A

1. Le matin, avant d'arriver au bureau, je prends un café.
2. Demain matin, je dois prendre la voiture pour aller au bureau.
3. Ce soir, je dîne chez des amis.
4. Le lundi, Steve va au cours de français.
5. Lundi, ma sœur va chez le dentiste.
6. J'achète des croissants tous les dimanches et je prépare un grand petit déjeuner.
7. On va prendre un verre après le cours.
8. Le professeur relit ses notes avant les cours.

Piste 30 - Activité 6A

● Alors Julie, qu'est-ce que tu fais ce week-end ?
○ Ben samedi, je pars à la campagne chez mes grands-parents. Je rentre dimanche dans l'après-midi. Je serai libre le soir. Et toi ?
● Ah, dimanche, je dois réviser pour la fac. J'ai un exam de français lundi. Et mardi ?
○ Eh non, mardi, je dois partir à Londres pour le travail. Je rentrerai très tard. Mercredi matin, je suis au bureau et l'après-midi j'ai un rendez-vous de travail. Le soir, je suis libre.
● Mercredi après-midi, je vais à la piscine. Je n'ai rien le soir. Et jeudi, tu fais quoi ?
○ Bureau toute la journée et le soir je vois Géraldine. On va au cinéma.
● Ah, sympa ! Et vendredi, je pars à la montagne, une semaine.
○ Donc pour cette semaine, on peut se retrouver...

Piste 31 - Activité 8A

1.
● Tu viens au cinéma, ce soir ?
○ Je ne sais pas. C'est à quelle heure le film ?
● À 7h25.

2.
● Bon, je dois y aller. J'ai une lettre à poster.
○ Ah ! Mais tu as le temps, la Poste ferme à cinq heures et il est quatre heures pile.

3.
● Mademoiselle, je veux voir les chefs de secteur dans l'après-midi, s'il vous plaît.
○ À quelle heure, Monsieur ?
● À trois heures, dans la grande salle.

4.
● À quelle heure part le train ?
○ À six heures quinze demain matin.

5.
Allô… Bonjour Madame… Je voudrais connaître les nouveaux tarifs de la piscine… 2,50 € d'accord, et elle ouvre à quelle heure ? … à neuf heures trente tous les jours ?… C'est parfait… Je vous remercie, au revoir.

6.
- Tu viens me chercher après le cours ?
- Oui, à quelle heure ça finit ?
- À sept heures.

Piste 32 - Activité 9A

A. Je prends toujours le train. Il y a parfois des problèmes techniques, mais en général, ça dure 40 minutes. Comme ça, je peux encore dormir un peu.

B. Je préfère la voiture, mais c'est vrai que ce n'est pas l'idéal, ni pour la nature ni pour ma santé. Je passe une heure par jour à m'énerver au volant.

C. Je vais toujours au bureau en bus. 20 minutes, ça me laisse le temps pour lire et écouter mes podcasts.

Piste 33 - Activité 11A

- Déjà, je ne prends pas de petit déjeuner. Je préfère dormir plus longtemps.

- Pas moi ! Je fais un grand petit déjeuner tous les matins. Mon père est allemand et, à la maison, c'est un moment très important.

- Moi, tu vois, Emmanuelle, ça dépend. Mais en général, c'est un café et basta. Je préfère prendre un croissant avec mes amis à la cafétéria plus tard. Et puis, je ne peux pas rester longtemps à la maison. J'ai cours tous les matins. Alors je pars vite. Et toi Alix ?

- Moi aussi. Je dois vite aller à la fac, car tous mes cours commencent tôt le matin.

- Moi, j'ai de la chance. Comme j'ai cours tôt le matin seulement deux fois dans la semaine, je vais toujours à la piscine avant d'aller travailler à la bibliothèque.

- Moi, je n'ai pas le temps pour faire du sport. C'est pas toujours facile car le soir, je travaille dans un bar, pour gagner un peu d'argent. Je rentre après 10 heures le soir, du mercredi au samedi. Du coup, je me couche seulement vers minuit.

- Je sors avec des amis le soir une ou deux fois par semaine. Mais c'est tout. On rentre tard, bien sûr, mais ce n'est pas une habitude chez moi.

- Moi, pas du tout. C'est vrai que le matin j'ai du mal à me lever, mais dès que c'est mercredi, je sors le soir jusqu'à très tard. Et ce jusqu'au samedi soir. Mais tous les dimanches matins en fait, je vais faire du vélo avec mon père, c'est dur, mais ça fait du bien.

UNITÉ 6

Piste 34 - Activité 2

Saint-Tropez a contribué à la renommée de la Côte d'Azur. Ce village de pêcheurs, au bord de la Méditerranée, à cent kilomètres de Nice, est devenu une capitale touristique internationale, un mythe. C'est aujourd'hui un des lieux préférés de séjour et de détente de la jet-set internationale avec Kate Moss, Brad Pitt et Angelina Jolie…
Saint-Tropez est devenu Saint-Trop' dès 1950, quand l'écrivaine Françoise Sagan, Pablo Picasso, le poète Jacques Prévert et beaucoup d'autres se croisaient sur le port.
Le mythe s'est accentué avec l'arrivée de l'actrice Brigitte Bardot dans les années 60.
À Saint-Tropez, tout est célèbre : la plage de Pampelonne, la place des Lices, où ont lieu des parties de pétanque, la place aux Herbes, où se trouve le marché provençal, la brasserie Sénéquier sur le port, où on peut aussi acheter le poisson aux pêcheurs directement et enfin le musée de l'Annonciade, pour sa collection de tableaux impressionnistes. Saint-Tropez est célèbre aussi pour ses « tropéziennes », nom de sandales en cuir mais aussi d'un gâteau.

Piste 35 - Activité 5

- Bonjour, je peux vous poser quelques questions sur vos goûts vestimentaires et la mode ?
- Euh oui, bien sûr.
  Alors, pour vous, quel est le pays de la mode ?
- Hum, je dirais l'Italie… Et la France. Ah et le Japon aussi ! Mais bon, la mode vous savez, moi…
- Alors justement, quels sont vos vêtements préférés ?
- Eh bien, plutôt des vêtements d'été, une robe… par exemple blanche, en lin.
- D'accord. Et quels sont vos critères pour acheter vos vêtements ? Le prix ? Les couleurs ?
- D'abord, le prix et le style aussi… Je ne sais pas, voilà…
- Et à quelle occasion vous faites particulièrement attention à vos vêtements ?
- (rires) Quand j'ai un rendez-vous… galant. (rires)
- Ah d'accord ! Et au niveau des couleurs, quelles sont celles qui vous plaisent le plus ?
- Au niveau des vêtements ? Eh bien, le rose, le bleu et le blanc. Non, en fait, pas le bleu, pas vraiment. Ouais, le rose et le blanc.
- D'accord, en général, quels sont vos goûts en matière de parfums ?
- Hum… plutôt fruités… C'est difficile à dire en fait.

Piste 36 - Activité 8A

1. affreux / affreuse
2. super / super
3. blanc / blanche
4. bancaire / bancaire
5. long / longue
6. court / courte
7. timide / timide
8. français / française

Piste 37 - Activité 9A

- ● Bonjour Monsieur ! Je peux vous aider ?
- ○ Bonjour ! Je voudrais voir les chemises de la vitrine, s'il vous plaît.
- ● Lesquelles ? Celles à manches courtes ?
- ○ Non, je préfère celles à manches longues. Elles sont bien à 35 euros aussi ?
- ● Oui, tout à fait. Suivez-moi. Donc voilà, ici, vous avez les chemises à manches longues unies ou à petites rayures.
- ○ Et à fleurs ? Vous n'avez pas à fleurs ?
- ● Non, seulement pour les femmes…
- ○ Bon… Alors je vais essayer la chemise rayée blanche et rose.
- ● Très bien. Quelle est votre taille ?
- ○ Je fais du 42.
- ● Tenez ! Les cabines sont au fond à droite.
- (…)
- ● Alors ? Elle vous va bien ?
- ○ Très bien merci, je vais la prendre… Est-ce que je peux faire un chèque ?
- ● Oui, tout à fait monsieur.
- ○ Voilà.
- ● C'est parfait. Merci beaucoup, Monsieur. Au revoir et bonne journée !
- ● Merci, au revoir !

Piste 38 - Activité 11

Karl Lagerfeld est né à Hambourg le 10 septembre 1938. Il arrive en France en 1952 et devient directeur artistique chez Jean Patou en 1959. Il travaille en France, en Allemagne et au Japon. En 1983, il entre chez Chanel à la direction du style. Il dessine aussi les collections de la maison italienne Fendi et il est le premier à signer une collection pour la marque H&M. Karl Lagerfeld est couturier et créateur de costumes pour l'opéra (la Scala de Milan), la danse (les ballets de Monte-Carlo) et le cinéma (les films d'Almodovar). Mais, il est aussi photographe. En 2004, il dessine deux timbres de la Saint-Valentin des roses en forme de cœur pour la Poste française. En 2008, il fait une publicité avec la Sécurité routière française : il porte un gilet d'urgence jaune sur son costume et le slogan est : « C'est jaune, c'est moche, ça ne va avec rien, mais ça peut vous sauver la vie ».

UNITÉ 7

Piste 39 - Activité 3

Pourquoi et depuis quand les Français mangent-ils des crêpes ? Ils mangent toutes sortes de crêpes depuis très longtemps… mais la crêpe la plus connue est la crêpe Suzette. C'est un cuisinier du Café de Paris à Monte-Carlo, Auguste Escoffier, qui invente la « crêpe Suzette », pour le prince de Galles, futur Edouard VII. La crêpe est préparée avec du beurre fondu, mélangé avec du sucre, du Grand Marnier, de l'orange et du citron. Le nom de cette crêpe est à l'honneur de l'actrice française Suzanne Reichenber, Suzanne, Suzette. Cette crêpe connaît un grand succès dans le monde entier et certains restaurants gastronomiques la proposent toujours en dessert.

Piste 40 - Activité 8A

Alors, il faut du pain, des cornichons, du thon, du romarin, des oignons, du raisin, des melons, des concombres, des mangues, du camembert, du parmesan, de la viande et du jambon. Ah et puis, du vin !

UNITÉ 8

Piste 41 - Activité 5A

Voici les nouvelles du jour en bref.

D'abord, une mauvaise nouvelle pour tous les gourmands ! En cette période de Noël, le prix du chocolat noir a augmenté de 5 %. Mais les ventes n'ont pas ralenti, car les vrais amateurs de chocolat noir ne mangent pas de chocolat au lait ! Et à Noël, on se fait plaisir !
Ce matin, entre Nice et Menton, de fortes chutes de neige ont empêché toute circulation et les automobilistes ont patienté pendant deux heures dans leur voiture. Le service d'urgence a servi du thé, du café et du chocolat chaud. L'autoroute est maintenant ouverte en direction de l'Italie.

Et enfin, hier, la gare de Cannes a connu une véritable panique ! Quand l'acteur américain James Nead est descendu du TGV, un énorme chien en liberté lui a sauté dessus et l'a mordu au visage. L'acteur est toujours à l'hôpital, mais ses jours ne sont pas en danger.

Prochain flash infos à 9 heures.

Piste 42 - Activité 7B

Jean-Paul Gaultier est né en 1952 à Bagneux et il a appris très jeune la couture avec sa grand-mère. Puis, le film *Falbalas*, de Jacques Becker, lui a donné envie de travailler dans la haute-couture.
Jean-Paul Gaultier a réalisé les costumes de nombreux spectacles et, en 1985, il a travaillé pour la chorégraphe Régine Chopinot. Il a fait les costumes des comédiens, acteurs et mannequins pour le ballet *Le Défilé*. Ce ballet a été très important dans l'histoire de la mode et de la danse. En 2004, Jean-Paul Gaultier est devenu directeur du prêt-à-porter femme chez Hermès.

Piste 43 - Activité 9A

nous ignorons	nous aimons
elles sont parties	ils ont
ils oublient	il s'habille
on arrive	vous souriez
nous savons	ils usent
vous arrivez	ils sont